Carl Ludwig Schleich
Die Weisheit der Freude

SEVERUS

Schleich, Carl Ludwig: Die Weisheit der Freude
Hamburg, SEVERUS Verlag 2013

ISBN: 978-3-86347-662-5
Druck: SEVERUS Verlag, Hamburg, 2013
Nachdruck der Originalausgabe von 1924

Der SEVERUS Verlag ist ein Imprint der Diplomica Verlag GmbH.

Bibliografische Information der Deutschen Nationalbibliothek:
Die Deutsche Nationalbibliothek verzeichnet diese Publikation in der Deutschen Nationalbibliografie; detaillierte bibliografische Daten sind im Internet über http://dnb.d-nb.de abrufbar.

© SEVERUS Verlag
http://www.severus-verlag.de, Hamburg 2013
Printed in Germany
Alle Rechte vorbehalten.

Der SEVERUS Verlag übernimmt keine juristische Verantwortung oder irgendeine Haftung für evtl. fehlerhafte Angaben und deren Folgen.
Urheberrechte wurden nach bestem Vermögen berücksichtigt. Bei erfolgloser Suche nach Erben wird darauf hingewiesen und versichert, dass bei berechtigten Ansprüchen von Rechtsinhabern diese nachträglich abgegolten werden.

Carl Ludwig Schleich

Die Weisheit der Freude

INHALT

Zur Physiologie der Freude 7

Musik 10

Über den Traum 13

Über den Schlaf...16

Über die Frau 19

Einsamkeit..21

Schönheit...23

Über Genie und Talent 27

Die zehn Tugenden des Mannes..30

Die zehn Tugenden der Frau 33

Über das Kind 36

Hygienisches 39

Das Leben – ein Erleben 41

Über Gesundheit und Krankheit...44

Gedanken über das Lachen 48

Über Sitte, Mode, Brauch und Stil 52

Die Zeit des Krieges 55

Über das Ich 58

Über den Staat und die Nation 62

Sprüche in Reimen und Prosa 69

Logik und Humor...74

Egoismus..75

Über die Unsterblichkeit 77

ZUR PHYSIOLOGIE DER FREUDE

Die Sonne ist der Quell der Freude. Das ganze Nervensystem ist ein Geflecht der Sonne. Sie spannt sich selbst die Harfensaiten, auf denen wir ihr Lied singen. Die Farbe der Wonne ist Licht. Das Dunkel ist ein Heimweh nach Licht. Ein Strahl der Sonne kann mehrerwecken, als tausend Nächte zu ersticken vermögen.

*

Es wäre eine mystische Sache um die Telegraphie ohne Draht, wenn nicht jede Übertragung seelischer Eindrücke eigentlich dasselbe wäre. Ich sehe ein Kind lachen – und mein Herzdruck steigt meßbar; ich lese eine Todesanzeige – und meine Pulse stocken. Das ist das Mysterium des nervus sympathicus: Millionen kleinster empfindlichster Fangschirme aller Weltall-Wellen, eingestellt gewiß auf alle X-, P- und Z-Strahlen von Mensch zu Mensch, von Unbeseeltem zu Belebtem.

*

An nichts mehr gern denken heißt den Tod rufen.

*

Das Gefühl der Freude entsteht aus einer plötzlichen Bejahung des Lebens. Indem wir lachen, jauchzen wir dem Weltall tausend „Ja!" entgegen. Unsere Freuden sind unsere erhaltungsgemäßesten Ereignisse. Unser Lebenslied konsoniert zum Weltakkord, jede Dissonanz zu ihm ist Unlust.

*

Jeder harmonisch bewegte Rhythmus hat etwas zur Gleichbewegung Swingendes. Ein springender Quell, eine hüpfende Bachstelze, der wirbelnde Schnee sind heitere Dinge allein durch rhythmische Bewegung. Das Lachen ist vielleicht rhythmische Einladung von Seelenüberstrom. Darum so ansteckend.

*

Eine durch nichts gehemmte Leichtigkeit seelischer Kontakte macht uns froh. Der leicht federnde Mechanismus in uns ist Behaglichkeit; nur wenn sich das Innere unempfunden, unbemerkt, von selbst reguliert, können wir heiter sein.

*

Freude ist Hemmungsfortfall im Seelenapparat. Der Anker hebt sich und das Schwungrad unseres Organismus reißt den Verstand in den jubelnden Wirbel seiner schäumenden Kreise. Jeder erreicht einmal sein Maximum von Freude und Schmerz. Es ist eine Kunst zu wissen, welchen Maßes von beiden man überhaupt fähig ist.

*

Wenn wir gerechter wären, würden wir zugeben, daß jedes Leben mehr frohe als trübe Sekunden gehabt hat. Wir verschwenden unsere Zufriedenheiten und rechnen wie Geizhälse mit unsern Widerwärtigkeiten. Der trefflichste Bücherrevisor ist die Krankheit, sie lehrt uns, die Bilanz richtig zu stellen.

*

Daß das Leben an sich eine Lust ist, empfinden die meisten erst deutlich, wenn ein großer Schmerz im Verklingen ist, dann reicht allein die Empfindung der Ruhe an die Wollust heran.

*

Ein Mensch ist so stark, wie er lustig sein kann. Man ist in dem Maße jung, als man empfänglich bleibt für die Freuden der Jugend. Ein vergnügter Greis ist eben nur ein alter Knabe.

*

Die Kraft eines Volkes sollte man nach dem Maß seines Frohsinns messen. Wo Ernst ist, ist auch Sklaverei. Vertraue den Heiteren mehr als den Bedächtigen, sie sind lebensfähiger.

*

Ein nicht fröhliches Kind ist unter allen Umständen ein krankes Kind.

*

Es gehört Mut zu dem Bekenntnis glücklich zu sein, die meisten sind nur aus Furcht bescheiden. Der alte Aberglaube an den Neid der Götter macht viele zu Heuchlern und Verleugnern ihres Frohsinns.

*

Der Sinn des Lebens wäre ein Unsinn, wenn er nicht auf Freude gestellt wäre. Alle Unlust, alle Traurigkeit ist ein schmerzliches Verlangen nach Lust. Diese ist der produktive Gedanke der Schöpfung, jene nur seine Negation. Der Pessimist ist ein anmaßender Kritiker des höchsten Kunstwerkes, des Lebens.

*

MUSIK

Der Ursprung der Musik ist das Lachen. Nicht die Arbeit schuf den Gesang, sondern Rhythmus und Odem der jubelnden Bejahung des Lebens erzeugte die Interwalle; Töne sind Nuancen von Jubeln.

*

Daß auch das Leid Ausdruck fand in Tönen, widerspricht nicht der Frohsinnurnatur der Musik. Auch das Lachen hat Tränen und kann schmerzhaft sein.

*

Die Musik ist des Menschen eigenste Eigentümlichkeit: es gibt keine Klangharmonie in der Natur. Die heilige Dreieinigkeit des Dreiklangs hat er allein empfunden als ein Symbol der Weltenharmonie.

*

Der Vogelsang, das Rauschen der Quellen, der Wind in den Zweigen, um Hecken und Ecken – enthält nur zufällig harmonische Akkorde. Diese erfand der Mensch allein. Jene oft gefeierten Töne können, nacheinander erklingend, chromatische Motive liefern, sie enthalten aber nicht die innere harmonische Logik seelischer Spannungen.

*

Je chromatischer daher eine Musik wird, desto realistischer ist sie. Die Chromatik in der Melodie ist in der Musik das, was der Naturalismus in der Dichtkunst bedeutet. Eine schlimme Art der Rückkehr zur Natur.

*

Der Heiligkeit der Akkordfolgen der klassischen Musik fügte die Moderne die Sinnlichkeit der schillernden Klangfarbenreize hinzu. Die alte Musik ging nackt und keusch, die moderne trägt durchsichtige Schleier der Lüsternheit.

*

Nie hat ein geistiges Feld eine so schnelle Beackerung gefunden wie die Musik. Vollständige Evolution in 200 Jahren! Was Wunder, wenn Zeiten kommen werden, wo das Ackerland brach liegt. Auch Gehirnprovinzen können durch Überkultur ernteunfähig werden.

*

Die große Masse hat von der Musik nichts als Sinnenreiz durch Rhythmik und Melodik. Der Kulturwert der Musik ist wenigen erschlossen. Wann kommt die Zeit, wo der sogenannte Gebildete Musik (Partituren) lesen kann, wie ein Buch? Wie viele Musizierende sind in diesem Sinne Analphabeten!

*

Eine sanfte Lockung in eine höhere Welt, eine große Hoffnung aus überirdischer Vollkommenheit läuft jeder musikalischen Wirkung parallel. Was ist Ergriffenheit anders, als das Innewerden einer seligen Möglichkeit über dies Leben hinweg?

*

Das logische Gefüge der Musik läßt sich von vielen begreifen; der Zauber der Klänge ist wenigen ganz geoffenbart.

*

Die Dreieinigkeit des Dreiklangs gerät ins Schwanken durch das Teufelchen des dissonanten Tones. Dieses kleine Anhängsel (Sexte, Septime usw.) zwingt die Throngeborenen, einen kleinen Platzwechsel vorzunehmen. Und immer neue Kobolde springen auf. So wogt der Dreiklang durch alle Himmel und Höllen.

*

Was dem Strome der Fels, dem Licht das Medium, den Kräften der Widerstand – das ist dem Akkord die zugefügte Dissonanz. Die Töne schäumen auf, brechen sich und fließen doppelt wohlig in neuer Gleichgewichtslage: das ist das stürmende Wolkenspiel der Musik.

*

Musik ist eine transzendente Sprache. Die Seele spricht: das Körperliche wird zum Medium geistiger Schönheiten.

*

Durch die Musik erhielt das Wort einen Schein von Sternenglanz und Sonnenhelle. Jeder Sänger hat das Gefühl einer geadelten Seele. Nicht der Kehlkopf singt, die Seele singt.

*

Musik hat höchsten Kulturwert. Es gibt unmusikalische Gesinnungen, ja ein Benehmen kann unmusikalisch sein. Man kann alles Häßliche unmusikalisch nennen, weil alles Schöne Musik in sich trägt.

*

Musik ist die Beschreibung der Welt ohne Worte und Begriffe. Sie ist eine Philosophie der Gefühle.

*

ÜBER DEN TRAUM

Eine Geige, pianissimo e con sordino allein vom wehenden Gedanken gespielt – das ist der Traum.

*

Wäre der Schlaf der Bruder des Todes, so wäre der Traum ein Vorgeschmack vom Jenseits. Dann enthielte er einen Beweis für die Unsterblichkeit.

*

Der Traum ist wie ein bei Tage eingefangener Sonnenstrahl, abgetrennt vom Meer des Lichtes, der im Dunkeln sehnsüchtig nach Glanz zu glühen beginnt. Seine Atome sind kleine Flitterstäubchen vom rauschenden Mantel des Lebens verweht, die nachts ihren schimmernden Reigen anheben.

*

Man träumt nicht von den tiefsten Seelenerschütterungen, die der Tag gebracht – diese tauchen erst später, nach Jahren, wieder auf –, sondern nur das Unscheinbare, oft nur mit halbem Blick Gestreifte, mit einem Ohr Gehörte wird das Motiv des Traumes.

*

Die Redewendung: ‚Es hat solchen Eindruck auf mich gemacht, daß ich die ganze Nacht davon geträumt habe', ist fast immer eine grobe Lüge. Auch das ‚Mir träumte einst –' der Poeten ist immer ein bißchen Schwindel.

*

Die heißesten Tränen sind die im Traum geweinten. Sie fallen auf ein schuldloses Herz, denn nur im Traum sind wir ohne Schuld.

*

Es gibt Menschen, die auch im Wachen auf jemand böse bleiben, der sie im Traum gekränkt hat.

*

Je gesunder ein Schlaf, desto traumloser ist er.

*

Bei weitem die meisten Träume entstehen im Augenblick des Erwachens. Das dann plötzlich ungehemmte Gehirn ist blitzartiger Anschlüsse in Sekundenteilen fähig. Ein einziger Sinnenreiz im ‚unbesetzten Gehirn' kann blitzschnell zugleich Anfang und Ende eines langen Traumes werden.

*

Im Traum ist das Bewußtsein für Zeit und Raum abgeblendet. Der Traum kennt keinen Atlas und keinen Kalender. Oder weiß jemand Tag, Stunde, Ort, Datum oder Jahreszeit, während er träumt? Noch niemand hat im Traum eine Postkarte richtig mit Wohnung und Datum adressiert. Wach ist allein das Ich, auch das verdoppelte, versächlichte und von uns getrennte. Im Traum schafft sich die Seele ihren eigenen Spiegel.

*

Ein wunderlicher Mosaikarbeiter ist der Traum, aber seine Steinchen stammen alle aus den Brüchen der Erfahrung.

*

Die zarteste Schwingung der Seele ist der Traum. Es ist, als wenn ein müder Falter mit seinen Flügeln über Nervensaiten streift.

*

Der Traum ist ein Zauberer der Verjüngung. Unter seinem Zeltdach sehen wir uns alle jung. Er läßt alles wieder sein, wie einst. Da leben, die wir liebten und die uns genommen, und sitzen unter der alten Heimatseiche.

*

Das Fliegen im Traum ist umgedeutetes Atmungsgefühl. Der Traum des ruckartigen Absturzes ist deshalb so häufig, weil ein stoßartiges Muskelzucken beim Erwachen Thema und Gegenthema, Durchführung und Ende der Traumsonate gleichzeitig darstellt. Ist das Gehirn ohne Hemmung, so schießt eben das Weberschiffchen des Gedankens wie rasend auf und nieder. So träumen Abstürzende und Sterbende in den Sekunden des Fallens ihr ganzes Leben noch einmal.

*

Der Traum ist ein guter Erzieher: er zeigt uns, wessen wir unter Umständen fähig sind. Er lehrt uns unsere Möglichkeiten.

*

Das Abiturientenexamen noch einmal machen zu müssen, ist ein sehr häufiger Traum. Merkwürdigerweise kennen ihn die nicht, welche durchgefallen sind. Diese Katastrophe haben wir alle gefürchtet. Wo sie nicht eintrat, bleibt eine geheime Kraftspannung zurück, die, wie alles Unerledigte, im Traum lebendig wird.

*

Sind die Ganglien wie phosphoreszierende Sterne am Himmel unserer Seele aufgehängt, die sich Kunde geben durch Strahlen vom Geschehen und Handeln des ruhenden oder tätigen Ichs, so ist der Schlafvorgang wie das Herausziehen von Wolken, welche die himmlischen Meisterlaternchen verdunkeln und abdämpfen. Aber hinter den Wolken züngelt und zittert der Traum.

*

ÜBER DEN SCHLAF

Schlaf und Wachen, wie Ebbe und Flut, Nacht und Tag, Berg und Tal, Liebe und Haß, wie alles Erscheinende, sind Symbole des tiefgreifendsten Gedankens der Natur, den wir ihr nachzudenken vermögen: Rhythmus. Im Schlafe wird unser Orientierungsvermögen für den Raum, in dem wir auf Erden sind und für den Zeitbegriff rhythmisch abgeblendet. Das Persönlichkeitsgefühl bleibt erhalten. Die Logik ist zum Teufel.

*

Der Schlaf ist ein Dämpfer, den das Dunkel über die Saiten unserer Seele spannt. Wir machen im Schlaf keine Wahrnehmungen, sondern die unbewußten Wahrnehmungen huschen gespenstig über die Tasten und werden nur in der Idee bemerkbar. Das Reale ist gleichsam ein Motiv der selbsttätigen Idee·

*

Im Schatten des Schlafes reifen die Pläne, spinnt das Gedächtnis seine Netze, heilen die Leiden, wachsen die Gedanken. Gärtner, Schmied und Arzt ist der Schlaf. Er zieht die Sehnsuchtsblume, er schmiedet den Panzer gegen Gefahr, er braut die Säfte, die uns heilen.

*

Schlaf und Sonnenuntergang, Erwachen und Sonnenaufgang sollten parallele Dinge sein. Die Kultur hat Scheinsonnen erfunden, welche das Dunkel und den Schlaf hintergehen. Aber die Natur läßt sich nicht überlisten. Die Nerven müssen hohe Prozente zahlen für das gestohlene Licht.

*

Wer seine Müdigkeit künstlich bekämpft: Nikotin, Alkohol, Tee, Kaffee – legt seinem treuesten Wächter eine Binde um die Augen.

*

Man suche seinen persönlichen Schlafrhythmus zu ergründen, d. h. die Stundenzahl zu finden, die man gebraucht, um ganz ausgeschlafen zu sein. Diese Stundenzahl sei eine heilige Zahl. Der Teufel Geselligkeit dividiert ohne Unterlaß daran herum.

*

Verschlafe, wenn du Talent dazu hast, ruhig die volle Hälfte deines Lebens: du wirst die andere Hälfte doppelt gelebt haben.

*

Es gibt Menschen, die das Leben so lieben, daß sie den Schlaf wie einen Zins des Todes betrachten. Es gibt derer, die sich fürchten einzuschlafen, weil sie ihr Bewußtsein nicht verlieren möchten. Solche Leute sind Verschwender. Der Sparsame schläft gern. Der Geizige wird grob, wenn er gestört wird.

*

Die Schlafzimmer müssen kühl sein. Nur wenn die Haut blutleer ist, schläft man tief. Alles, was ihre Gefäße füllt: Wärme, trockene Luft, dicke Polster, rauhe Stoffe sind schlafwidrig. Kalte Waschungen, Haarkämmen, Streicheln, Einwickeln der Beine in glatte Binden, sind natürliche Schlafmittel. Warme Bäder erregen. Warum gibt es keine Wiegen für Große? Die Erwachsenen sind kindlicher, als man denkt.

*

Es gibt Menschen, die hypnotische Kraft in ihrer Persönlichkeit haben. Sie verstehen, krause Seelen zu glätten. Das ist die Gewalt, mit welcher das Unharmonische nach Harmonie drängt. Wehe! wenn zwei Dissonanzträger in demselben Schlafzimmer sind.

*

ÜBER DIE FRAU

Ist die Frau weniger wert, als der Mann? Wer diese Frage beantwortet, muß auch sagen, ob Feuer mehr wert ist, als Wasser.

*

Des Mannes Liebe ist ein versprühender Funke, das ganze Leben der Frau verglüht an der entzündeten Flamme.

*

Der Frau eine geistige Minderwertigkeit gegenüber dem Manne zuzusprechen, bedeutet eine Überschätzung des Intellektuellen. Instinktive Fähigkeiten können wertvoller sein, als Urteile. Ahnung ist oft mehr als Beweis. Der Mann analysiert den Menschen, die Frau wittert ihn.

*

Der Mann ist vielmehr ein Kulturprodukt, als die Frau. Warum ihr diesen Naturhauch von Garten, Wald und Wiese nehmen?

*

Die Tugend der Frau ist Opferfähigkeit, die des Mannes Heroismus. Was der Frau die Grazie ist, ist dem Manne Geist. Beide mißtrauen den Gaben des Andern beim Geschlechtsgenossen.

*

Der Mann sucht in der Frau die Geliebte und findet im Glücksfalle die Mutter wieder.

*

Das Heilige, das Reine, das Rührende an einer Frau ist, daß in ihrem Leibe die Unsterblichkeit schlummert. Denke jede daran, daß sie die Natur als Ahne eines ganzen Volkes geträumt hat.

*

EINSAMKEIT

Welch ein Stolz ist im Einsamen, sich selbst zu genügen, und welche Bescheidenheit, sich mit niemand vergleichen zu wollen!

*

Die Einsamkeit ist die Zuflucht der ganz Starken oder der ganz Schwachen.

*

Das Höchste zeigt sich nur entschleiert in dem Tempel der Einsamkeit. Nur der Einsame hat Offenbarungen.

*

Die Gesellschaft lebt von den Wenigen, welche sich ihr gewaltsam entziehen, sich nur gelegentlich in sie verirren und von den Wundern der Stille zu erzählen wissen.

*

Der Kunst sollte man nur in königlicher Einsamkeit entgegentreten. Die Schönheit verliert leicht durch Mitgenießende. Viele gemeinsame Freuden sind geteilte Schuld.

*

Die sogenannte Gesellschaft gibt nur Maskenbälle. Die Verstellung läßt jeden mit gleichsam kostümiertem Wesen erscheinen.

*

Es gibt nicht viele, die die schweigende Hohlheit von der stillen Tiefe des Einsamen zu unterscheiden wissen. Dummköpfe hüllen sich ebensooft in die Maske überlegener Schweigsamkeit, wie Schwätzer in die Pose der Propheten.

*

Einsamkeit ist ein guter, alter Arzt.

*

Rückkehr zur Natur – nur dem Einsamen ist sie möglich.

*

Wer sich mit sich allein langweilt, hat auch das Zeug, andere zu langweilen.

*

Gott sei Dank! gibt es Einsamkeiten, die man nur zu zweien ganz genießen kann.

*

Habe Mut zur Einsamkeit im Winter und du brauchst Sommers in kein Bad zu pilgern.

*

Das Volk rächt sich an der Einsamkeit der Heroen durch Massenaufläufe, Spalierbildungen und Hurrarufen.

*

Die Natur hat zwei Mittel, ihre Geschöpfe zur Einsamkeit zu zwingen, ein mildes: den Schlaf, und ein brutales: den Tod.

*

SCHÖNHEIT

Wo in der Welt Bewegungen vorhanden sind oder geschaffen werden, welche sich einfügen in den Rhythmus unserer Wahrnehmungen, ihn zum Einklang zwingend, entstehen Ströme von Verwandtschaftsgefühl des Ichs mit dem All. Das ist die Empfindung des Schönen.

*

Alles ist schön, was die Seele hinreißt in diesen aufgezwungenen Gleichstrom. In allem Schönen ist eine das Bewußtsein in Ekstase verwandelnde Gewalt. Der Grad dieser Hypnotisierbarkeit der Seele durch die streichelnde Hand der Schönheit ist das Maß der künstlerischen Persönlichkeit. Somit richtet sich der Wert einer Persönlichkeit nach dem Maß seines künstlerischen Einschlages.

*

Welch Reichtum an Gold, Silber, Meeresgrün und Alpenseeblau, Purpur und Blütenschmelz allein auf den Flügeln von sechzigtausend Arten Schmetterlingen! Ist nicht die organische Welt ein endloser Traum von schönsten Möglichkeiten?

*

In den mikroskopischen Durchschnitten eines armseligen Blattstieles sind tausende von Stickmustern für hunderttausend weibliche Hände.

*

Wer gab der Materie diese Sehnsucht, in Harmonie sich zu dehnen, zu kreisen, zu wachsen? Im Kristalle, in der Spirale, in den Verästelungen der Pflanze, in jeder symmetrischen Lagerung sind Bewegungen lebendig, die uns fühlen lassen, daß der Geist der Welt in uns und wir in ihm sind.

*

Die Sonne riß das Tier empor zum Menschen. Um sie anzubeten, ward unser Gang aufrecht. Sie nahm dem Tier das Fell und goß ihr rosiges Licht über die leuchtende Blütenhaut eines Kindes. Sie warf einen Abglanz vom Morgenrot über die weiche Haut der Frauen.

*

Schönheitswirkungen sind Vergewaltigungen des Schöpferischen an uns. Die Linien reißen uns in ihre Lust, die Töne in den Strom ihrer Inbrunst, die Farben in die Glut ihrer eingeborenen Wonne. Gib ihnen die Seele frei, und sie spielen auf deiner Harfe ihr berauschendes Lied.

*

Phantasie haben heißt Schöpferwonnen fühlen, über die Welt nachdenken.

*

Wer die Welt als ein Produkt einer zufälligen Entwicklung ansieht, für den muß auch die Welt des Schönen nichts sein als eine zufällige Illusion des Menschengeistes. Ich hörte einen sehr klugen Mann der Wissenschaft die Phantasie einen kolliquativen (Verleimungs) Zustand des Gehirns nennen.

*

Alle Farben sind im Sonnenstrahl und Millionen zierlichster Formen im Sonnenstäubchen. Der Tautropfen enthält die Schönheit der Welt und in der Schneeflocke sind alle Gesetze der Schönheit enthalten. Um den mikroskopischen Staub unserer Fensterscheibe ranken liebliche

Eisblumen empor. Es ist, als seien dem Schönheitsbedürfnis der Natur Goldkörnchen und Diamantensplitterchen, Schmutz oder Staubpartikelchen gleich wert und gleich willkommen, sich darin zu spiegeln oder darum zu flattern.

*

Das Schönste am Menschen ist sein Auge. Es empfängt den Quell des Lebens, das Licht, und gibt es wieder zurück als Strahl der Dankbarkeit. Die Sonne schuf das Menschenauge, um sich selbst und ihre Schönheit darin zu bewundern. Das Weltall glüht in unseren Augen und es verglimmt in unseren Tränen.

*

Im feinen Uhrwerk, im elektrischen Betriebe, im Gang blitzblanker Schiffsmaschinen, im Eisenwerk – welch' hohe ästhetische Schönheit! Der geistige Zweck mit einfachsten Mitteln, der gerade Weg zum Ziel, die schöne Linie als Symbol der höchsten Idee – das sollten die Künstler von den Ingenieuren lernen. Wir erlebten die Geburt einer neuen Ästhetik aus Technik und Wissenschaft. Den praktischen Bedürfnissen der Technik auf jeder Stufe der Geschichte geht stets ein stiller Engel zu Seite: ein Wächter der Schönheit! Erst Jahrhunderte später spürt man sein Walten.

*

Ästhetik ist Vorstufe und Krönung der Religion zugleich. Eine Kunst des Häßlichen wäre eine Religion ohne Gott. Das Schöne ist, wie das Göttliche, unaussprechlich, nur fühlbar. Ein Alphabet der Empfindungen. Ein Tanz der Ideen.

*

Im Schönen siegt die Idee über die Materie, im Häßlichen die Materie über die Idee.

*

Was ist so häßlich, daß nicht die Schönheit darüber ihre Schleier spönne, die so Wenige sehen können?

*

Wenn das Auge die Schönheit eines Menschenleibes mit Strahlenfingern abtastet, fühlt man noch einmal den prüfenden Schöpfergedanken: ‚Und Gott sah, daß alles gut war'.

*

Denkt euch: Gott saß vor der Orgel der Möglichkeiten und improvisierte die Welt. Wir Armen, Menschen, hören immer nur die Vox humana heraus. Ist sie schon schön, wie herrlich muß das Ganze sein!

*

ÜBER GENIE UND TALENT

Welch ein Wahnsinn, Genie und Irrsinn in einem Atem zu nennen: die Lehre Lombrosos ist die Wut des Schwächlings gegen die Riesen aller Zeiten!

*

Genie sein heißt, mit ein paar Millionen Gehirnganglien mehr zur Welt zu kommen, als der Mensch des Alltags. Geburtstage des Genies werden zu Sonntagen. Es ist gar kein Verdienst an der Sache. Der größte Fleiß oder Ehrgeiz kann sich diesen Ganglienzuschuß nicht zulegen.

*

Das Genie kann nicht anders, als fleißig sein, es muß sich betätigen, wie das Feuer brennen, das Wasser fließen muß.

*

Das Vorbildlichste auf der Welt ist das Genie. Es ist der emsige Wegweiser in der Wüste des Lebens. Obschon auch ihm das Ziel unbekannt ist, so macht es dasselbe doch begehrenswert.

*

Genie ist ein kaudinisches Joch, durch das die ganze Menschheit hindurch muß.

*

Das Genie ist unnachahmlich und es ahmt nie nach. Talent kann man nachmachen; ja es lebt vom Imitieren.

*

Allein daß Genies möglich waren, ist ein Beweis für das Dasein eines Gottes· Es kann keinen Goethe gegeben haben, ohne daß ein Gott dahinter stand.

*

Die Naturwissenschaft kann sich keinen Genius ausdenken, dazu gehört Ehrfurcht. Der Erdenker des gasförmigen Säugetieres (Häckels Gott) ist keiner Ehrfurcht fähig.

*

Genie ist etwas Formatives, etwas von der Hand der Schöpfung Neugeschaffenes. Talent ist funktionell, es verdankt seine Existenz immer dem schon Dagewesenen.

*

Das Talent ist ein Notar der Vergangenheit, es vollstreckt die Testamente des Genies. Das Genie aber ist der Erblasser, der Ahne ohne Vorfahren, von dem die ganze Menschheit erbt.

*

Genie ist die Materialisation der Gottheit. Es ist unbegreiflich wie diese. Die Mitmenschen haben keinen Blick für die Götter unter ihnen. Ein Genie kann man nur durch den Tod werden. Namentlich in Deutschland.

*

Es gibt Pseudo-Genies, deren einziges Genie die Ungeniertheit ist.

*

Ein genialer Gedanke bedarf einer Jahrhundert-Probe, ehe er wirklich genial ist. Solche gewissermaßen Risiko-Einsätze auf der Spielbank der Möglichkeiten dürfen vor allen Dingen nicht erdacht werden, sondern sie müssen Akkorde sein, die die Hirnorgel plötzlich ohne Spieler spielt. Der Spieler kann der Wahnsinn oder der Weltsinn sein – das eben stellt sich erst in ein bis zweihundert Jahren einwandfrei heraus. Und glücklich die, welche sich mit einigem Rechte für Kandidatur der Unsterblichkeit halten dürfen. Und schon die Kandidatur auf solchen Posten kostet meist das Leben. ‚Talent ist lebensgefährlich', sagt Strindberg. Was ist denn Genie? – Das Grab des bürgerlichen Glückes.

*

Es ist fraglich, ob es in der Politik Genies geben kann. Der Politiker gehört der Nation. Er hat Charakter zu haben. Das Genie gehört der Menschheit. Es hat vorbildliche Persönlichkeit. Es gibt geniale Politiker, aber keine politischen Genies.

*

DIE ZEHN TUGENDEN DES MANNES

Was ist fruchtbarer als die schaffende Phantasie des Mannes? Sie hat über das Weltall nachgedacht. Sie schuf mechanische Geschöpfe nach seinem Ebenbilde. Sie reckte des Menschen Arm zu Werkzeug und Waffe und gab seinem Fuß eiserne Siebenmeilenstiefel. Mit der Elektrizität aber schuf das Gehirn des Mannes ein Gehirn der Erde. Es verlängerte die eigenen Nerven zu einem Wundernetz über alle Lande und zog sie durch die Meere. So fliegen Gedanken und Laute von Erdteil zu Erdteil, von Gehirn zu Gehirn. Das war das Werk des Mannes!

*

Des Mannes Fleiß ist eine Funktion seines Genies. Arbeit ist die Zwangslage, zu der ihn sein Talent verurteilt. Nie verläßt ihn seine tiefe Sehnsucht nach Meisterschaft. Das Werk dünkt ihm immer geringer, als es die Sehnsucht haben wollte. Das ist des Meisters Bescheidenheit.

*

Unterordnung vieler unter eine führende Idee – diese durchaus männliche Fähigkeit schuf und erhält den Staat. Völlige Hingabe an ein selbstgewähltes Prinzip – das allein ist männliche Freiheit. Sie bedarf keiner Willkür.

*

Die besten Männer sind um so stärker geworden, je länger man sie verkannt hat. Vielen ward der Erfolg zum Totengräber ihrer Talente, aber die Not zum Hammer ihres Siegfriedschwertes.

*

Das Maß der Bildung eines Mannes ist das Maß der Ehrfurcht, deren er fähig ist. Die Selbstverständlichkeit seiner entscheidenden Taten gibt ihm etwas Kindliches. Eine Frau bleibt nie so ganz Kind, wie es bedeutende Männer bleiben können.

*

Es gibt Künstler, die den Mann für schöner halten von Gestalt, als die Frau. Sollte unsere Bewunderung für den schönen Frauenkörper nur ein galantes Gefühl sein? Daraus spräche ein eingeborener Rittersinn! Ist Venus aber wirklich schöner, als Apoll?

*

Das Leben ganz zu bejahen oder ganz zu verneinen, ward nur dem Manne gegeben. Kann man sich Buddha, Mahomet oder Prometheus weiblich denken? Die Frau hat die Gabe der lebensfähigeren Kompromisse.

*

Der Mann hat ein sicheres Maß für die Größe seiner Liebe zu einer Frau: in dem Grade seiner Dankbarkeit für die gewährte Gunst.

*

Treue ist ein rein physischer Reizzustand. Abklingen der Reize ist keine Schuld, sondern ein Naturgesetz.

*

Die Ehe ist ein gewagtes physiologisches Experiment, ein Versprechen, das der Geist gibt, aber der Leib vielleicht nicht halten kann.

*

Die Frau ist genau 365 mal so viel treuer als der Mann, genau soviel als das Jahr Nächte hat – vom Standpunkte der Natur und des Staatsgedankens der Ehe: ‚Gemeinschaft zur Erzeugung von Kindern'.

*

Der Mann ist tapfer, wenn nicht von Natur, so doch aus Furcht – vor Spott. Seine höchste Tapferkeit ist, eine Frau zu schützen. Den Heldentod fürs Vaterland sollten vor allem die Jungfrauen preisen.

*

Jeder Knabe ist ein Kandidat der Unsterblichkeit, jedes Mädchen ein kleines Fragezeichen des Glücks.

*

Jeder Mann sucht Gott oder die Göttin in der Natur. Wehe der Frau, die sich nicht begnügt damit, ein Kunstwerk der Natur zu sein. Eine Frau, die sich schminkt, ist wie ein Mann, der sich einbildet ein Held zu sein, weil er einen Säbel trägt. Frauen, die sich bemalen und bepudern, leben vom Wahn, daß die Männer kurzsichtig seien. Solche Frauen variieren ihren Schmuck zwischen Indianer und Zirkuspony.

*

DIE ZEHN TUGENDEN DER FRAU

Belausche die Frau, wenn sie den Kindern Märchen erzählt, gib acht! wenn sie nach deinem tiefsten Wissen fragt, dann wirst du merken, daß sie Seelen zu wecken versteht. Sie ist eine Gedanken-Säerin und –Spinnerin! Unter dem Feuer schöner Augen werden wir alle ein bißchen Dichter und ein bißchen Held.

*

Die Reinheit der Frau zwingt den Mann unmerklich, sich besser zu stellen, als er ist. Ist nicht diese weitverbreitete Heuchelei auch eine Verbeugung vor der Reinheit des Weibes?

*

Frauen sind den Männern, was einem Bündel loser Seiten ein schöner Einband ist. Sie sind wie die Goldschmiede, denn sie geben dem Wesen des Mannes Schliff und Fassung.

*

Ohne Kenntnis der Frauen, die ihm nahestanden, kann niemand eines Mannes Biographie schreiben. Sie sind seine wesentlichen Ereignisse. Lehrerinnen des Lebens, Offenbarerinnen seiner Fähigkeiten und die Regisseure seines Schicksals. Die Frau fühlt dem Leben mehr Wahrheiten ab, als der Mann sie ergrübeln kann. Er kennt im Höchstfalle alle Möglichkeiten, sie spürt das Wahrscheinliche!

*

Die Frau steht unter dem Gesetz der spielenden Anpassung aus Liebe. Opferfähig und wandlungsbereit, wie nie ein Mann, kann sie heute Königin und morgen eine lachende Bettlerin sein. Ein Mann kann durch vieles glücklich werden, die Frau nur durch Liebe.

*

Selbst, wer die Frau lästert, ist in ihrem Bann. Man kann sie nur lieben oder hassen. Gleichgültigkeit gegen das Frauengeschlecht ist eine Krankheit des Mannes.

*

Die Treue einer Frau muß ihrer Natur eingeboren sein, sonst würde ihre Untreue nicht so viel Aufsehen machen.

*

Das Erröten ist eine weibliche Eigenschaft. Männer, die rot werden können, waren fast alle Muttersöhnchen. Übrigens erröten wir alle nur bis zum Nabel, das Subäquatoriale kennt keine Scham.

*

Den tiefsten Einblick in das Wesen der Frau gestattet ihr – Wäschespind. Da entströmt Reinheit, Lieblichkeit, Keuschheit und Lebenskunst.

*

Die Kinderliebe der Frau ist vielleicht deshalb für die Mutter etwas so Wehmütig-Schönes, weil jedes Kind ein kleiner Räuber ihrer Schönheit ist. ‚Der Mutter Schönheit ist der Kinder liebster Fraß' lautet ein brutal wahres, pommersches Sprichwort.

*

Der größte Unterschied zwischen Mann und Frau – größer als der anatomische – ist ein funktioneller: die Richtung männlicher oder weibliche: Phantasie. Die Phantasie des Mannes ist ganz aufs Schöpferische eingestellt, die der Frau zwanghaft auf ihre Begehrbarkeit. Beides seit Jahrtausenden.

*

Der Mann ist ein Versuchskaninchen eines experimentierenden Gottes. Dazu wurde das Weib seine Handlangerin: sowohl, solche Kaninchen zu produzieren, als auch, ihnen die selbst einem Gott noch nicht lösbaren Fragen zuzuschieben.

*

Was Gott und Natur nicht beantworten will oder kann, das verlangt das Weib vom Mann!

*

Es gibt Frauen, mit deren Geduld Gott Felsen aufbauen könnte, und andere, deren verblüffende Ausreden ihn veranlassen könnten, einen kleinen Engel, den er gerade trägt, aus dem Arm fallen zu lassen.

*

Die Wollust des Mannes ist ein Dämon. Aber auch die Frauen haben erotische Dämonien. Sie sind dann wie die Kornähren, die dem Müller sich neigen, der sie zermalmen wird, oder wie Zugvögel, die am Leuchtturm zerschellen: sie suchen das Leben, wo ihr Tod lauert.

*

ÜBER DAS KIND

In des Kindes Seele leuchten kristallene Testamente der Menschheit. Ein Kind ist darum wie eine Miniaturausgabe einer vollendeten Legende von allem Gewesenen und Gewordenen. Sein eines Händchen hält die Blume der Vergangenheit, das andere langt nach der Zukunft.

*

>Zwischen zwei verhüllten Zeiten
>Steht die junge Gegenwart:
>Kinder sind Unsterblichkeiten,
>Die die Liebe offenbart.

*

Um das Kind ist die Anmut holdester Selbstverständlichkeit ausgegossen. Nur ein Kind könnte einen Kaiser oder den Papst fragen: ‚Hast Du meine neuen Stiefel schon gesehen?' Diese kleinen Sendlinge reiner Menschlichkeit sind eben die größten Überseher aller Menschlichkeiten.

*

Aufhören, kindlich zu sein, heißt: aus dem Paradies vertrieben werden. Nur ist das Flammenschwert des Erzengels zum – Federhalter geworden. Wer hat ohne heiße Schmerzen sein Kind nach dem ersten Schultage über die Fibel gebückt gesehen: diesen kleinen vom Spiel vertriebenen Engel mit verwirrtem Blick und der langsam steigenden Flut der Tränen im Auge?

*

Kindlich sein, bedeutet: alle Werte umwerten können. Dem Kinde nur kann ein Stuhl zur Pferdebahn, ein alter

Hut zur Krone werden. Es sind ihre kleinen Phantasieflammen, die das kalte Leben so warm machen.

*

Wir können vielleicht vom Kinde ebensoviel lernen, wie so ein kleiner Schelm von uns. In mehr als einem Sinne wird niemand wieder so klug, wie er als Kind war. Das Kind hat vor allem den Mut des Egoismus ohne Schuld, das ist: des Glückes ohne Reue.

*

Ich glaubte an die Möglichkeit des steuerbaren Luftschiffes allein, weil das Spiel mit dem Winddrachen Jahrtausende alt ist. Kinderinstinkte, die immer wieder kommen, irren sich nicht. So wird es auch mit Gott sein.

*

Die geschickteste Diebeshand hat das Kinderhändchen. Je echter ein Herz, desto weniger sicher ist es vor ihm.

*

Allein um das Wort: ‚Lasset die Kindlein zu mir kommen, denn ihrer ist das Himmelreich‘, möchte ich immer Christ bleiben.

*

Wem die Kindersehnsucht das erwachte Bewußtsein überflutet, wie die See den Damm: der wird ein Genie. Genie sein heißt: Sehnsüchte der Kindheit wahr machen.

*

Wann wird die Zeit kommen, die nie mehr ein Kind fühlen läßt, ob es in Ehren geboren ist oder in Unehren? Niemand hob den ersten Stein auf gegen die Ehebrecherin; nach ihrem Kinde zielen noch heute alle Pfeile des Gesetzes und der Gesellschaft.

*

Der schönste Geruch dieser Erde ist der Duft eines frischgewaschenen Kinderhalses.

*

Der Ausdruck der Gemütsbewegungen eines Kindes steckt in den Beinen. Bei Kindern sind die Beinchen Seelenorgane. Strampeln hat viele Nuancen (Freude, Trotz, Wut, Wohlbehagen), hängenlassen der Beine (Kummer, Melancholie, Langeweile), gekreuzte Füßchen (Verlegenheit, Sehnsucht, philosophisches Nachdenken) usw. Man wird es glauben, sowie man darauf achtet.

*

Wie verblüffend tiefsinnig kann ein Kindermund plaudern! Als ich meinem Nichtchen von 4 Jahren den Tod ihrer Großmutter mit stillen Worten begreiflich zu machen suchte, sagte diese kleine Prophetin einer ganz neuen Weltanschauung: ‚Weiß schon, Großmama ist einfach zurückgeboren!' So geschehen am 5. März 1905.

*

Eltern sollten die frappierenden Fragen und die geplapperten Drolligkeiten ihrer Kinder sorgsam aufzeichnen und sie erst den Zwanzigjährigen überreichen. Man könnte daraus mehr profitieren, als aus allen Philosophien zusammengenommen.

*

HYGIENISCHES

Das Leben ist ebenso ein stetes Neugeborenwerden, wie ein langsames Sterben. Es muß zu erreichen sein, daß der Tod nur ein Leben fordert, das ausgelebt war.

*

Die Hygiene war auf dem Wege, eine Institution für Lebensverlängerung zu werden. Wo war die Behörde zu seiner Verschönerung?

*

Sauberkeit ist eine Frage des guten Gewissens, eine Sittlichkeit.

*

Sich reinigen sei eine arbeitsame Beschäftigung, allein durch Mühe wird Waschen und Baden zum Genuß.

*

Für viele ist die Säuberung nichts als eine symbolische Handlung. Vieles bedeutet sie Sauberkeit, ist es aber nicht.

*

Denke, wenn du dich wäschst, du erwürgest eine Gefahr. Die Unsauberkeit ist eine Visitenkarte der anklopfenden Krankheit. Wenn nicht für dich, sei für Andere reinlich. Schmutzig sein ist eine soziale Taktlosigkeit.

*

Reine Hände sind zurückhaltend; unsere Hand sei unser Aristokratischstes, wie unser Hemd.

*

Nur der Saubere wird wissen, daß die Haut eine Seele hat.

*

Die praktisch-poetischen Griechen würden sagen: Luft, Licht und Seifenschaum sind die drei Kinder der Hygieia.

*

Unreine Luft dulden ist eine Gleichgültigkeit gegen den Kampf ums Dasein.

*

Nichts ist dem Himmlischen näher, als reine Luft. Dumpfe Stuben sind nicht Wohnungen, sondern Ställe.

*

Jedes Jahrhundert weiter werden neue Zauber die reine Luft entdecken und es wird einst wieder Luftanbeter geben.

*

Wenn der Strahl von Licht deine Lider aufhebt: bleibe wach! Die Morgengedanken sind Erstgeborene.

*

Verschlucke Alkoholisches mit ernstem Bedacht. Es hat Neigung, dich zu verschlucken.

*

Abstinenzler sind Fanatiker. Fanatiker haben immer ebensoviel Unrecht wie Recht.

*

Genüsse sind eine Musik, bei der die Pausen die Hauptsache find.

*

DAS LEBEN – EIN ERLEBEN

Das Leben zu verlängern ist die Kunst, unsere Jugend zu erhalten. Jugend ist Eindrucksfähigkeit, Wirkungskraft, Bereitschaft, Sprungbereitschaft.

*

Unser Leben ist ein Erleben. Es ist so lang, als es Erlebnisse in sich schließt.

*

Es ist vielleicht wichtiger, das Leben zu vertiefen, als es zu verlängern und auszudehnen.

*

Gesundsein heißt: seinen eigenen Rhythmus dem des Weltganzen eingefügt zu empfinden. Wer krank wird, ist in der Symphonie des Lebens aus dem Takt gekommen.

*

Jung sein heißt toujours en vedette sein. Diese geistige und körperliche Sprungbereitschaft ist wesentlich gebunden an die elastische Spannkraft unserer feinsten Blutgefäße.

*

Es gibt Methoden, diese Gefäßmuskeln zu stählen. Es gibt mikroskopische Turnübungen; die Überdehnung dieser mikroskopischen Muskeln zu verhüten, das ist der Inhalt jeder Lehre zur Erhaltung des Lebens.

*

Das Leben lebt nur, indem es Leben vernichtet. Daran wird auch der Vegetarismus nichts ändern. Mich ernähren heißt Tier und Pflanzenzelle mit meinen eigenen Zellen zu vermischen.

*

Wir werden dauernd von neuem erzeugt: Durch die Saatkörner der Nahrung.

*

Ein jugendlich reiches Leben, wissend von allen Wundern und allen Furchtbarkeiten dieses Planeten, war, auch wenn es schnell verrauschte, länger, als ein Greisentum, gedehnt durch Inhaltlosigkeit. Ein Augenblick kurzen Überblicks, Einblicks in alle Höhen und Tiefen des Daseins ist mehr Leben als ein Methusalem-Tretmühlengang in der Enge eines ordensübersäten Philisteriums.

*

Die meisten Menschen, die früh alt werden, sind es immer gewesen. Es gibt greisenhafte Kinder, wie es Kinderseelen bei alten Leuten gibt. Jugendlichkeit ist nicht an Zeit gekettet, sie ist – Sache des Herzens – an Eindrucksfähigkeit gebunden!

*

Ein Mann ist so lange jung, als er Frauen aussehen und Männer aufhorchen machen kann. Eine Frau ist nicht so jung, wie sie sich anzieht, sondern wie sie sich mit bewußtem Stolz ausziehen darf.

*

Im Stoffwechsel gibt es ein Mysterium, das über den chemischen Fragen steht: die stete Befruchtung des Lebenden durch das scheinbar Gestorbene. Regeneration ist neue Zeugung im alten Leibe.

*

Von der Haut aus kann man die Seele stählen. Hautpflege ist Seelenpflege. Ich kenne nur ein Mittel, der Willenskraft auf physischem Wege zu Hilfe zu kommen: die kalte Dusche. Jeden Morgen von der Wiege bis zur Bahre eine Dusche, ein Luftbad und eine Sohlenreibung. Der Weg zum Badezimmer ist näher als der zum Apotheker.

*

ÜBER GESUNDHEIT UND KRANKHEIT

Virchow nannte die Krankheit ein ‚Leben unter veränderten Bedingungen'. Ist das nicht eine Definition der einen Unbekannten mit einer zweiten? x=y. So lange wir nicht sagen können, was Leben ist, wird auch diese Deutung der Krankheit in der Luft schweben.

*

Was aber ist Krankheit?
Sie ist die Antwort, die Reaktion, der Flucht oder Abwehrversuch des Organismus auf eine Schädlichkeit, auf welche derselbe nicht oder noch nicht angepaßt ist. Mein Schädel ist weder dem fallenden Stein noch dem stressenden Bakterium ‚angepaßt'. Wenn auch diese Definition nach dogmatischem Darwinismus schmeckt, so gibt es doch keine bessere.

*

Krankheit und Tod sind Mittel zur Auslese der Tüchtigsten. Jeder Leidende ist ein Vorpostenkämpfer für die nach ihm Kommenden. Jeder Kranke duldet, damit Kommende gefeit sind.

Denn die Anpassung an Schädlichkeiten gelingt in vielen Fällen. Statt Auslese der ‚Tüchtigsten', sollte man der ‚Lebensfähigsten' sagen. Die Tüchtigsten sind oft so verletzlich, wie Spinngewebe.

*

Jeder Dulder ist ein Christus, der für Brüder stirbt.

*

Eine Epidemie erlischt, wenn die befallene Menschheitsgruppe angepaßt ist an ihre Ursache oder diese nur noch Gefeite (Immune) vorfindet. Das ist der Grund, warum Krankheiten in ihrer Intensität schwanken. Scharlach, Pocken, Schwindsucht, Diphtherie haben wechselnd gefährlichen Charakter; nicht die Ursachen schwanken, sondern der Grad vorhandener Widerstandskräfte bestimmt Ausdehnung und Schwere einer Epidemie.

*

Gegen Epidemien pflegen sich absolut sichere Heilmittel erst einzustellen, wenn ihre Bösartigkeit aus Anpassungsgründen nachzulassen beginnt.

*

Gesundsein und bleiben heißt also relativ harmonisch eingestellt sein für die Widerstände des Daseins.

*

Der Gesunde gleicht dem Wasser; er durchflutet die Riffe, statt an ihnen zu zerschellen.

*

Es gibt ein Übermaß von Gesundheit, das stets zur Ungesundheit verführt. Alles wirklich Junge leidet an solch einem Gesundheitsüberschuß, der Gefahren sucht. Die lehrsamsten Vergnügungen sind die, welche uns an den Rand des Verderbens führen.

*

Man kann sich sehr krank fühlen und doch im Sinne der Gefahr und der Bedrohung ganz gesund sein. Auffallender ist, daß man sich sehr gesund fühlen kann und doch tödlich krank sein kann. Krankheit und Gesundheit sind also eigentlich subjektive Begriffe.

*

Krankheitsgefühl ist ein Bewußt werden unseres inneren Betriebes. Organe, von denen wir etwas fühlen, melden sich damit zur geneigten Aufmerksamkeit des Besitzers.

*

Jede Krankheit zeigt sich an und warnt. Ihre Meldereiter sind: Unlust, Unbehagen, Kraftabfall und Schmerz. Aber auch die kommende Gesundheit gibt Signale: Hoffnung und Tatenlust.

*

Welche Milde ist bisweilen im Wahnsinn! Es ist oft die letzte Rettung vor dem Bewußt werden des Entsetzlichsten. Kurz vor dem Tode wird alles noch einmal so klar und schön und selbstverständlich.

*

Ohnmacht und Wahnsinn sind die letzten Strohhalme, nach denen oft das sinkende Bewußtsein langt.

*

Man sollte Ahnenbücher der Leiden in allen Familien halten. Von niemand können wir so viel lernen, als von den Gedanken, Geschicken und Leiden unserer Vorfahren.

*

Wir erben nichts von Vater oder Mutter, sondern wir stehen mit ihnen unter dem Schöpfungsbanne unserer beiderseitigen Ahnenreihen. Nicht in dem, was kommt, liegt unser Schicksal, sondern in dem, was war. Man sollte nicht die Nachkommen eines verdienten Mannes mit ihm ehren, sondern seine Vorfahren.

*

Die Nervosität unserer Zeit sollte man nicht so schnell eine Krankheit schelten: die Neurasthenie kann einen Übergangsprozeß darstellen, der spätere Geschlechter spielend noch gesteigertere Anforderungen erfüllen läßt. Die Nerven eines Menschenalters können nicht Revolutionen von der Postkutsche bis zum Automobil, von dem Briefträger bis zur Marconi-Depesche durchmachen, ohne daß einige Schrauben sich lockern. Auch Denkgeleise müssen beweglicher werden. (Transformation.)

*

Gesundheit und Krankheit sind, wie Schönheit und Häßlichkeit, Stolz und Demut, Liebe und Haß, Seifenblasenbegriffe; sowie man anfängt, sie festzuhalten, platzen sie und rinnen ineinander.

*

GEDANKEN ÜBER DAS LACHEN

Unsere Hirnorgel hat zwei Register: Vox coeli und Vox mundi, zu deutsch Ideal und Real. Wenn sie unvermutet zusammenbrausen, kommt der Blasebalg in Gefahr zu platzen. Dafür gibt's ein Sicherheitsventil: das Gelächter.

*

Lachen ist Ebbe und Flut unseres Zwerchfells. Es ist eine Form forcierter Atmung aus Lustgefühl: Sehnsucht nach Gleichgewicht.

*

Dem Ausbruch des Lachens muß also eine Reizung des Atmungszentrums vorausgehen. Beobachte die Börsianer im Seebade; wie sie lachen, weil sie tief atmen müssen. Kitzle jemand: ehe er lacht, atmet er ein. Wer eben einer Gefahr entrann, wird tief Atem holen und dann lächeln.

*

Wo das Ja und das Nein des Lebens, Bedrohung und Befreiung, Gefühl von Irrweg und Sicherheit aufeinander platzen, wo etwas völlig Unerwartetes dem bestimmt Erwarteten sich entgegenstellt, wo die Logik der Tatsachen etwas Verblüffendes erhält – da erfährt das Gehirn gleichsam eine Überladung mit schwer ausgleichbaren Kraftstrudeln, da bilden sich psychische Wirbelkreise, die eine Entladung erzwingen. Anpassungs- und gewohnheitsgemäß übernimmt diesen Ausgleich das Zwerchfell.

*

Der Witz veranlaßt eine kleine Ganglienkarambolage, er erzwingt einen Assoziationsknick, ein Überklingeln der

Ganglienglöckchen, ein mißlungenes Flageolet der feinsten Nervensaiten. Dann fegt ein Sturm der Atmung die quietschenden Dissonanzen aus den heiligen Hallen der Gedanken.

*

Witze sind Gehirnpriesen, Ganglienkitzel, Seelenschäkereien. Jeder Witz gipfelt in etwas überraschend Unlogischem.

*

Kontrastempfindung allein kann nicht lachen machen: sonst müßten konträre Farben für sich etwa auf der Palette Gelächter erregen. Erst wenn ein Maler blaue Zylinderhüte und grüne Gesichter malt, müssen wir lachen.

*

Man lacht schändlicherweise bisweilen auch über das Verkrüppelte, aber nur, wenn es sich beifallen läßt, das Harmonische zu kopieren. Ein Buckliger wird komisch wirken, wenn er Würde imitiert.

*

Ich sah einst einen Betrunkenen versuchen, über seinen eigenen Schatten zu springen. Gibt es etwas überraschend Unlogischeres? Es war unendlich komisch.

*

Der Humor besteht in einer Bereitschaft der Seele, jedes Ding von zwei Seiten zugleich zu sehen. Er hat Sonneneigenschaft: er bricht sich im Prisma des Temperaments und der Gemütszustände. Dann wird er bunt und vielstrahlig: Scherz, Ironie, Satire, Witz, Drolligkeit, Komik, Behäbigkeit, Moquanterie, Hohn, Bosheit.

*

Es gibt eine persönliche Gleichung, einen persönlichen Rhythmus des Humors. Auch Nationalitäten haben besondere Humorcharaktere, je nach der Brechung des Komischen in ihrem Temperamente.

*

Es gibt ein Lachen, das nichts mit Humor zu schaffen hat: das ist das der Ausreizung und der Verleumdung. Es gleicht dem Hundebellen und dem Krächzen der Krähen.

*

Die höchste Weltanschauung ist die des Humors: kein Menschengeist wird über ihn hinauskommen. Alle Genies haben Humor.

*

Das sicherste Zeichen einer humorvollen Seele ist die Fähigkeit, auch einmal sich selbst auszulachen. Die meisten Menschen tun sich selbst zu leid, um über sich zu lachen.

*

Stolz stolpert leicht über das erste Bein, das ihm der Witz stellt.

*

Es gibt keine schwereren Fesseln als Formeln und Witze. Julius Stinde hätte nie ein Trauerspiel, Richard Wagner nie eine Polka machen dürfen.

*

Die Antike war humorlos. Wo ist der Humor der Griechen? Welch ein Fortschritt von Homer bis zu Wilhelm Busch.

*

Die meisten Philosophen sind deshalb so unpopulär, weil sie völlig ohne Humor sind. Es gibt eben keine Weisheit ohne die Grazie des Lächelns.

*

Die Menschheit bei Humor zu behalten, sollte die stete Sorge der Regierenden sein.

*

Logik ist ohne Humor.

*

ÜBER SITTE, MODE, BRAUCH UND STIL

Sitte ist die von der Phantasie erzeugte Einheit angenehmer Verkehrsformen.

*

Mode ist die von der Phantasie spielerisch erzeugte Form eines nachgeäfften Vorrangs vor der Allgemeinheit.

*

Brauch ist stabilisierte Sitte.

*

Stil ist die unbewußt wirkende Persönlichkeitsgeltung in Sitte, Brauch und Mode, Berufsart und Manier.

*

Sitte ist durch Allgemein-Urteil fixierter Takt.

*

Takt ist Einfühlung und Einfügung in die Vorstellungskreise des Anderen.

*

Takt ist nicht Sache der Intelligenz schlechtweg, sondern Sache der Phantasie des wohlwollenden Herzens.

*

Bildung ist das Wissen des wohlwollenden Herzens.

*

Sitte steht zur Sittlichkeit im Verhältnis einer gut oder schlecht erzogenen Tochter zu ihrer Mutter. Sie sollte eine Form der Ethik sein, ist aber oft ihre Karikatur.

*

Sitte ist im edelsten Sinne Kultur, als ihre Maske ist sie Zivilisation.

*

Sitte ohne Sittlichkeit ist wie ein am Sonntag gewaschener Schornsteinfeger.

*

Brauch ist oft erheuchelter, meist durch Suggestion erzwungener Verzicht auf Eigenrecht.

*

Mode ist der Versuch, mit irgendeiner Klassenart zu konkurrieren, manchmal sogar mit der der Deklassierten.

*

Mode bedeutet meist den Sieg des Exzentrischen. Ein Mittel, der Persönlichkeit äußerlich an Markantem zu geben, was ihr innerlich fehlt.

*

Takt ist der phantasievolle Brauch, einem Mitmenschen so zu begegnen, wie er es vermöge seiner Menschenwürde und seinem sozialen Range nach verlangen kann.

*

Moralischer Takt versteht es, mit Königen und Bettlern zu verkehren, ohne sie zu verletzen, und jeder Handlung die Form der Gerechtigkeit zu geben.

*

Logischer Takt ist ein Gefühl für Aussagen, welche eine Harmonie zwischen Wirklichem und Gedachtem erzeugen kann.

*

Man muß schwören, als ob es einen Gott gäbe, selbst wenn man nicht an ihn glaubte, man sei bestrebt, so zu handeln, ‚als ob' es einen ewigen Richter gäbe.

Jede Substitution eines Ideals enthält dies ‚als ob' Vaihingers. So gibt es also ‚edle Täuschungen', ‚schöne Lügen', ‚lehrreiche Verbrechen'.

*

Das Kriterium von erlaubt und unerlaubt ist die Gemeinnützlichkeit und die Gemeinschädlichkeit.

*

Sittlichkeit, Freiheit, gleiches Recht sind Fiktionen. Sie können ebenso schädlich, wie nützlich sein. Das liegt im Wesen der menschlichen Gemeinschaft. Es ist ebenso mit Sitten, Moden, Gebräuchen, Stil und Konventionen.

*

Irrtum, Fiktion, Lüge, Wahrheit sind alle Kinder derselben Mutter: der Phantasie! Ihre Verwandtschaft nachzuweisen ist bisher der dramatischen Kunst bessergelungen, als dem Leben. Aber Kunst ist ja willkürlich am Menschengeist gestaltetes Leben.

*

Geniale Kühnheit und besonnene Strenge Sind nur dem Einzelnen eigen, nie der Menge. Sind sie im Einzelnen recht echt, recht nah, da ist sogleich der Genius da! Solche Entdecker, Erfinder, Staatenlenker sind immer zugleich Dichter und Denker.

*

DIE ZEIT DES KRIEGES

Was ist uns noch Christus?
Ein widerlegter Idealist! Widerlegt, weil die Welt durch 2000 Jahre das getan hat, was seinem innersten Willen widersprach. Menschen sollen sich gut sein, sich verstehen, sich verzeihen, sieh vergeben – das war seine Lehre – und jetzt? Was kein Erdbeben, keine Sündflut, keine Feuersbrunst vollbringen kann – die seelischen Erdbeben, Haßfluten, Feuersalven vollbringen, was nie die Natur fertig gebracht: Hunderttausende in einem Tag, Millionen in einem Jahr sterben nicht aus brutalen Naturgesetzen, sondern im Namen eines unendlichen traurigen Nichtwirkens, Nichtfassens, Nichthaftens dieses Königs der Ideen: Jesus Christus! Er ist bankrott mit seinen Lehren. Das beweist nichts für den idealen Wert dieser Ideen, die in irgendeiner Weise eine Offenbarung sein müssen, weil nur das Allerherrlichste, das Allervornehmste, das Allerschönste, so einsam sein kann, wie Christus am Kreuz; aber es bedeutet den absoluten Schiffbruch der nach ihm geborenen Menschheit. Bankrott seine Lehre vom Reich der andern Welt, bankrott seine Lehre vom Mitleid und Liebe zu seinen Feinden, bankrott seine Lehre von Seligkeit der Kinderseele, und derer, die geistig arm sind! Bis zum heutigen Tage hat mit ihm direkt im Widerstreit der Raffinierte, der geistig Gerissene seine Glücksgeschäfte gemacht, und die wenigen echten Kinder Jesu haben wir Ärzte immer mehr gefunden in Arme-Leute-Wohnungen, als in Palästen. Diese Welt hat sichtbar die Schuftigkeit belohnt

und die Gradheit in stillem, oft heiligem Schmerze darben lassen. Wer verführt die Menschheit seit Jahrtausenden auf die falschen Wege? Die Geldsucht, die Gewinnsucht, der Teufel! Aber was ist das? Ist in dieser Welt, der Schönheit, Liebe, Freude, Sonnenglanz und Frühlingswonne nicht abgesprochen werden kann, etwa der Teufel mächtiger? Dann hätte uns Christus eine falsche Offenbarung des wahren Verhältnisses zwischen Gut und Schlecht gebracht. Ist seine Deutung richtig, daß der Lohn erst im andren Reich erfolgt, warum sorgt der Hauptinteressent, Gott, nicht dafür, daß von Hunderttausenden mehr als 1 oder 2 den schmalen Weg gehen? Wer verführt sie, wer läßt es zu, daß sie verführt werden?

Wo ist Gott, Gott, Gott? in diesen Tagen der Raserei, der Todessaaten, des Hungerwehes und der Bedrohungsängste? Gott mutet den armen Gehirnen, die er selbst geschaffen, zugelassen oder vorbedacht hat, freilich viel zu zu begreifen, warum dieser grandiose Völkervernichtungswahn möglich wurde. Warum in aller Welt hat er zugelassen, daß die Idee des Geldes größer wurde, als die Idee der Liebe, für deren Sieg er doch seinen eingeborenen Sohn hergab? Mußte er den Ausgang in unsere Tage, so mußte er auch die Nutzlosigkeit des Opfers wissen, und die Preisgabe seines Sohnes war nicht mehr, als ein zweifelhaftes Experiment.

Das Experiment ist gegen ihn, seinen Ersinner, ausgeschlagen, die Welt hat sich vom Idealismus ab zum egoistischen Kapitalismus gekehrt. Innenwert ist verdunkelt durch Außenwert, Kultur durch Zivilisation, Inhalt durch Form, Herzensreichtum durch den des Portemonnaies, Seelenprägung durch die Landesmünze! Das Gute ist nicht mehr konkurrenzfähig gegen das Schlechte. Deutscher Geist ist verfolgt, ein neuer Ahasver, der ewige Deutsche! Die Lüge, die Bosheit siegt in einem Konflikt, wie ihn die Erde nie gesehen! Wenn Deutschland untergeht: so richtet sich Gott selbst, und der Antichrist hat gesiegt. Dieser Wucher unserer Tage aber scheint Gott recht zu geben. Er gab den Menschen Buddhas, Mahomets, Moses', Christus' Wahrheiten, und sie haben Mammons Scheinsymbol des Wertes von Metall und Papier höher gestellt über alle Vernunft und müssen bluten, sich zu Tode bluten: Einer wie der Andere! Es gibt keinen Sieger in diesem Kampf: es wird nur Besiegte, Verurteilte, Vernichtete geben. Gott kehrt der Menschheit den Rücken, er läßt sie verkommen, wie eine erloschene Bakterienkultur. Man kann Gottverstehen, daß er dieses Konglomerat der Gier, diesen Bienenstock von Aussaugern für lebensunfähig hält. Lieber die paar Guten mit versinken lassen!

*

ÜBER DAS ICH

Was soll man von sich selber sagen?
Ich kenne mich nicht besser, als irgendein anderer, der mir ein Rätsel wäre.

Sich selbst zu erkennen, ist die Aufgabe, die man mit gleichem Rechte einem Toilettenspiegel zumuten könnte. Wir find Mosaiksteine zu einem Weltgemälde, dessen furchtbare Schönheit wir ahnen, dessen Sinn wir nie begreifen.

Kann ein Spiegel etwas aussagen über den, der ihn geschaffen? Aber wir verlangen, arme Spiegel der Sonne, von uns, etwas über die Sonne auszusagen, das mehr als Lichtwirkung ist.

Ich weiß von mir nur, daß ich keine Einheit, also ein Nicht-Ich bin! Ich gehöre mir und einem ‚Mehr als Ich‘. Das ist das Resultat meines Denkens und meines Gefühls. Ich bin der Beauftragte eines höheren Ichs. Cogitatus sum, ergo cogito.

Ewig in der Sklavenrolle, mich zu demütigen oder zu empören, mich zu erhalten oder zu vernichten.

Mein Ich ist eine jeden Augenblick wechselnde Variation über eine nur scheinbare Einheit meiner Empfindungen. Ich bin nur ich, weil der Augenblick, die Phase des vorüberrollenden Weltalls, in mir sich von Moment zu Moment spiegelt.

Ich bin eine Diagonalempfindung von allem, was auf mich von außen und von innen wirkt.

Das Außen ist der Kosmos, sind die Zellkugeln des

Kosmos, das Innen sind die Zellkugeln, die meine Einheit konstituieren und meine Säfte produzieren.
Mein Ich steht zwischen dem Mikro und Makrokosmos.
Ich bin nur, was mein Mikrokosmos sich von mir vorzustellen erlaubt.

Eine Flasche Wein, eine Zigarette hat über mich viel mehr Stimmungsmacht, als alle Ethik der Welt. Weil dieser Konflikt zwischen Außen und Innenwelt an der Atmosphäre des Gehirns aufblitzt, hat man das Gehirn den Sitz der Seele genannt.

Aber meine Seele sitzt in diesem Augenblick in meiner Geschlechtsdrüse, im nächsten in meinem Lebersystem, im nächsten in meinem Phantasieorgan oder in meiner Schilddrüse.

Man sollte daher von einem steten Platzwechsel der Empfindungen, nicht aber vom Sitz der Seele sprechen. Meine Seele ist ein Faden der Weltseele, der in mich
einen Apparat, hineingesenkt ist.

Durch uns muß das Leben hindurch, wie ein Lied durch jeden in ihm enthaltenen Ton. Das Leben passiert uns, wir sind sein Weg. Daran müssen wir sterben.

Gleich wie ein Ton stirbt am Verklingen: Durch ihn hindurch muß sich das ganze Tonwerk schwingen – So stirbst du zwar, doch nicht vergebens: Ein Torweg warst du dann des ganzen Lebens. ‚Gott vergib ihnen! Sie wissen nicht was sie tun', ist ein Königswort. Daraus entspringt: Herrschergelüst oder Demut.

Vor die Frage, König oder Gehenkter zu sein (zugunsten des Ganzen) können nur Christusseelen gestellt werden.

Sowie das Reich der Ideen (Gott sei Dank das Reich der

einzigen Unsterblichkeiten nach Goethe) erlöschen würde, wäre der Tod der Realitäten da. Die Realisten begreifen am wenigsten, daß alle ihre Sicherheiten: Geld, Macht, Besitz, Erwerb – Plunder sind vor der einzigen Realität, die es geben kann, das wirklich Wirkende: die Idee hinter der Erscheinung, das Ding an sich, von dem alle Dinge nur Schatten, Momentaufnahmen, Symbole sind. Der einzige Realist, den es geben kann, ist der Metaphysiker. Er allein ahnt Wahrheit.

Ist ein Gott in mir, so ist er nicht mit mir zufrieden, ich aber auch nicht immer mit ihm.

Ich weiß, daß ich ein Versuchskaninchen bin, aber meine Versuchskaninchen wollten auch nicht gerne auf die Sezierbank.

Gott macht ein großes Mosaikbild, in dem wir jeder ein kleines Steinchen sind.

Wenn ein Steinchen ausfällt (Selbstmord), kann das ganze Kunstwerk unendlichen Schaden leiden.

Ein Händler wollte ein berühmtes Tierbild (Bild einer Wiese) nicht kaufen, weil einem Ochsen darin eine kleine Spitze des Schwanzes abgeplatzt war.

Wenn sich nur jeder so recht von Gottes Gnaden fühlte, würde man nicht die Königsgedanken so absurd finden.

Das Gottesgnadentum senkt sich auf Thron, wie auf Kanzel, Studiersessel und kann uns unsere Dachstube zur Weltallskajüte machen.

Ich fühle mich als Beauftragter, aber ich weiß, daß ich ein Schlechter, ungetreuer Postbote hoher Sendungen bin. Ich habe manches unterschlagen, für das mich der Vorgesetzte strafen wird. Womit soll ich bezahlen, wenn nicht mit meinen Tränen?

Ich habe oft das Gefühl, daß Tränen Ersatzwerte find für veruntreute Reichtümer und Kostbarkeiten.

Meine Tränen waren oft geschmolzener Trotz.

Ich habe mehr Mitfreude als Mitleid in mir. Im Mitleid ist oft gemeinsames Sichleidtun. Sich ohne Vorteil mit freuen zu können, ist uneigennütziger und ehrlicher. Es ist beides Sache der Phantasie.

Die ist mir gegeben, reicher als die Milch von Mutterbrust. Es gibt keine Menschensituation, in die ich mich nicht hineindenken könnte. Darum hat mich Gott zur Buße Arzt werden lassen. Alles verstehen heißt nicht alles verzeihen, sondern alles verurteilen.

Denn überall sieht der Verstehende den Weg, auf dem alles vermeidbar gewesen wäre. Nur unvermeidbar Leidende haben mein ganzes Mitleid. Ich bin mir immer sehr reich vorgekommen, auch wenn ich kein Geld hatte. Ich glaube, Selbstbewußtsein mit einigem, wenn auch bescheidenem Grunde ist das größte Bankkapital. Sicher das sicherste.

Vertrauen auf Fähigkeiten verschiedenster Art ist wie ein Freibrief zum Leben. Es gibt keine Summe, gegen die ich mein Ich eintauschte. Es gibt kein Glück, für das ich mein Unglück hergäbe. Es ist eben der Sinn des Organischen; Selbstbehauptung, Aufrechterhaltung des Einmaligen, nie Wiederkehrenden, Unnachahmlichen ‚Ichs'. Gottes Stempel und der Druck seines Petschaftes sind nicht nachzuahmen.

Ich weiß, daß ich die Welt nur irrend schaue, doch ist es alles mein Gesicht: die Sonne über all das Schattengraue, dies bißchen Eigen, Gott, das nimm mir nicht!!

*

ÜBER DEN STAAT UND
DIE NATION

Der Staat ist eine Form der Gemeinschaft von Menschen, welche durch einen Ring mehrerer Grundideen zusammengehalten werden.

Die zwingendste Grundidee ist die der gemeinsamen Liebe zum Vaterland. Die Liebe zum Vaterland erzwingt die Idee der Liebe zu seinem Führer, wie die zum gemeinsamen Gotte. Denn beide sollen den Staat schützen.

Volle Freiheit kann nur erworben werden durch Staatenlosigkeit, dann ist sie Willkür (Anarchie), oder durch Hingabe an eine Idee, dann ist sie bewußte Unterordnung. Die erste Form der Freiheit ist unorganisierbar, sie streicht die Idee des Staates aus.

Die zweite, die freiwillige Hingabe an ein Ideal, ist realisierbar. Sie bedeutet die Anerkennung des ‚Mehr Als Ich' über dem Ich. Es ist ein Staat zu denken, in dem alle Diener des Vaterlandes sind, in dem alle Berufe nur ausgeübt werden können als Funktionen des Gesamtwillens aller Staatsangehöriger.

Bereicherung des Nationalvermögens durch jeden, gemäß seiner Fähigkeiten. Freie Berufe mit dem direkten Ziel der Selbstbereicherung sind immer a oder antisozial. Sie teilen diese Tendenz mit dem Verbrechertum. Nur daß sie im Schutz der Gesetze, jene gegen das Gesetz stehlen.
Das ist der Grund, warum das Kapital doch ‚olet'. Die Verstaatlichung aller Berufe in einem solcherweise, antikapitalistischen (selbst monarchischen) Staate ist eine

Frage der Zeit, d. h. der Reifung der Ideen. Daß jeder jedem diene, jeder jeden erfreue, jeder jedem helfe und ein Bruder sei – das wäre doch wohl die höchste Menschenkultur! Wird sie je erreicht werden?

Zivilisation gestattet ein Civis zu scheinen, Kultur zwingt einer zu sein. Ohne höchste Ethik ist daher Kultur nicht denkbar. Zivilisation ohne Kultur ist wie ein Schornsteinfeger im Sonntagsstaat, oder wie ein Neger im Zylinder.

Gute Sitten können Kultur vortäuschen, wie Parfüm ein Sauberkeitsbedürfnis. Zivilisation ist Dressur zu symbolischen Allüren, sie soll Bildung vortäuschen oder imitieren. Ein wahrhaft guter Mensch kann leicht die Zivilisation, nie die Kultur beleidigen.

Eine Nation ist eine Gemeinsamkeit von Menschen mit gleicher seelischer Organisation, Genossenschaft einer gleichen Logik des Gefühls, eines gleichen Gebrauches der Wortsymbole, und einer hohen Wahrscheinlichkeit gleichen Handelns unter gleichen Bedingungen. Nationalität ist Gleichrichtung der Phantasie.

Sie muß einen organisch-biologischen Grund haben. Der heißt: die Gemeinsamkeit autochthoner Nahrungsquellen. Im Boden liegen die Geheimnisse der Vorfahrenseelen. Gemeinsame Geister der Vorzeit erzeugen durch Nahrung die Siegel ihrer Denkart bei den folgenden Generationen. In dieser Konstanz der Nahrung liegt die Wurzel zu konstanten Gefühlsnormen der Nationenangehörigen.

Nationalität ist eine Stammesart in Reinkultur. Nicht nur bakteriell sind die Mischkulturen inkonstant. Sprache, Haar, Haut, Augenfarbe sind schon sekundäre Artcharaktere. Die Nation wurzelt im Seeligen eines Volkes. Dieses

Seelische ist bedingt durch konstante Wiederkehr des erdgeborenen Erzeugungsmaterials aller Regenerationen.

Alles Internationale wird früher oder später nationales Gift.

Ein tiefsinniges chinesisches Sprichwort sagt: Die Heimat stirbt auf Reisen. Man könnte sagen: Jeder Gott stirbt an fremden Göttern. Vielleicht ist die Konstanz der Juden durch rituelle Strenge der Nahrung aus langen Vorzeiten hochgezüchtet. Die Weltgeschichte, staatlich betrachtet, ist ein gigantisches Experiment, um festzustellen, welche Völker dauerhafter sind: Nomaden zu Land oder See oder die Autochthonen.

Bisher lautet das Resultat: Untergang von Babylon, Assyrien, Ägypten, Hellas, Rom usw., usw. China besteht 10000 Jahre vor Christi und 2000 nach ihm. Vor diesem Experiment scheint der Kosmopolitismus gerichtet. Aber auch rein geistig genommen: Heimat und Scholle ist der Garten der tiefsten Mysterien. Echte Blumen entblühen nur dem Heimatacker, Orchideen dem Treibhaus oder dem Urwald.

Durch alle Intellektkunst leuchtet doch das Leid des Volkes. Es gibt eigentlich keine nichtnationale Kunst. Der Phantasie gerade des echten Heimatsohnes imponiert nur das ebenso bodenständige Echte des Fremdländischen als ebenbürtig.

Die Fähigkeit des Deutschen, sich fremdem Heimweh einzufühlen, hat ihm den Ruf der Liebäugelei mit dem Fremden eingetragen. Natürlich: das phantasiereichste Volk muß auch das verstehendste sein.

Im Grunde können Nationen sich nicht verstehen. Ihre Phantasie ist verschieden geartet und gerichtet. Ihre

Wortsymbole entstammen ganz anderen Sinneseindrücken und haben daher andere onomatopoetische Analogien. Darum ist niemand gut übersetzbar, außer durch Umdichtung.

In jedem Wort rauscht etwas von bodenständigen Wiesen und Wäldern: in Pinien ist ein anderes Lied als in Eichen, die See klagt anders vor Felsen als vor wolkenweißem Sand.

Die an Naturvorgänge geknüpften geistigen Wendungen (Abstraktionen) haben ungleiche Quellen und andersfarbiges Stromwasser, die Kategorien sind anders orientiert.

Über ‚setzen‘ ist eben ein Landen auf fremden Strand, wo alles peinlich andersartig und ungewohnt ist. Heimweh ist Vereinsamung mitten in der unverständlichen Fremde, es ist ein Massenüberfall der Fremde auf den Eingewanderten. Akklimatisation heißt ein neues Kartenmischen der Zellen und Denkgruppen.

Nation ist die Gemeinsamkeit der Menschen, welche durch Jahrhunderte lange Bodenkultur gleich gerichtete Gefühlsanlagen (Gehirnbefruchtung durch primäre Bodenerzeugnisse) erworben haben. Vaterland haben nur die, deren Väter Land gehabt haben oder immer von der gleichen Scholle primär genährt wurden, d. h. von dem Keimtausch ihrer Väter mit den bodenständigen Lebewesen.

Ein Städter hat kein Vaterland, sein Boden ist aus Asphalt oder Makkadam, seine Ernährung international, sekundär (aus Konserven oder alterndem Zellmaterial), seine letzte Beziehung zur Mutter Erde hat er durch Schuhsohlen unterbrochen. Die Strahlungen der Erde an seiner Sohle hat er durch Leder abgeblendet. So ist er durch sekundäre

Nahrung, Bodenunständigkeit und durch begriffliches Schlucken von Druckerschwärze zu einem Intellekt gespenst geworden.

Staat ist eigentlich ein Sammelbegriff für die Vermischung der vaterländisch bodenentsprossenen, primären und städtisch gespenstigen, sekundären Menschen. ‚Heil dir, mein Vaterland', das kann nur der landgeborene Heimatmensch fühlen, die anderen meinen: ‚Heil meine Reichsbank!' dabei. ‚Das Vaterland' ist eine bewußte Täuschung für die meisten. Sie haben gar keins.

Der ganze Staatsgedanke Kants, Hegels, Fichtes ist im letzten seiner Paragraphen – Polizei – Philisterliebe, der des wirklich Vaterländischen ist Schollenliebe.

‚In dir zu ruhen, heilige Scholle!
Welch höheres Ziel könnt dieses Leben krönen: wo Wälder ihre wundervolle Weltklage in die Wolken stöhnen,
wo Wogen stilldurchrauschte Urlieder singen, Weltall abgelauschte, da wo das Mosaik der eigenen Zelle einst sich als Gold hebt aus der Bodenwelle; da, wo ich weiß, daß ich unsterblich bin: in meine Heimat legt mich Toten hin! Da weiß ich ohne Kreuz und Marmormauern, wie meiner Kindheit liebvertraute Dinge, Wald, See, der Blume und der Möwen Schwinge, um ihres Bruders Erdenirrweg trauern.'

Die soziale Geschichte der Menschheit ist die Beschreibung von Kämpfen der Menschheitsschichten. Kastenkämpfe, Kastensiege. Wechselnde Herrschaft von Symbolen über das physische Massenmaterial ist Geschichte.

Sicher zunächst auf rein geistigem Gebiet lag die Überlegenheit der in der Minorität befindlichen Herrscherklasse.

Die physische Überlegenheit des Helden wäre leicht im Gemeinschaftsleben durch List und Gewalt zu brechen gewesen.

Die Herrschaft des Kraft-Symbols ist auch heute noch die eigentliche Macht der Masse. Zweites Symbol: die Religion. Das Symbol des Geldes hat eine dritte Herrscherklasse geschaffen.

Alle sozialen Metamorphosen drehen sich um die Probleme: Wann und wie gelingt es, die Macht des Symbols zu erschüttern? Alle Staatsideen verteidigen Symbole von Plato bis zu Hegel.

Alle Revolutionen beziehen sich auf Sturz von Symbolen. Die Entstehung eines sozialen Bewußtseins der Persönlichkeiten, Bewußt werden ihrer gesamten Macht, ist immer der Vorläufer eines Symbolsturzes, bis zur Abschaffung der Gottheit, Kirchtums, französ. Revolution, bis zur einstigen Abschaffung des Symbols des Geldes. Es ist als ob die Menschheit im Grunde ihres Herzens jede Symbolbildung ablehnt und grollend bekämpft.

Der eigentliche Grund für Revolutionen ist die Infektiosität von irrtümlichen Ideen. Der infizierbarste Boden ist der Haß, die oft verschuldete Kränkung des Volksgemütes: akkumulierte Reizungen, die zu Gewittern führen. Zur Revolution kann oft mehr der Anblick eines mit Diamanten geschmückten alten Weibes führen als alle Gewaltmaßregeln eines Diktators.

Die frechen Symbole des Reichtums sind die größten Staatsgefahren. Die gesellschaftlichen Willensbildungen der beherrschten Klassen geschehen immer auf dem Boden der Verneinung. Sie sagen zwar, was werden soll, aber solche Meinungen müssen immer utopisch sein, denn kein

Mensch außer Gott weiß, was werden wird oder werden soll oder gar muß, sie sagen nur, was nicht sein soll und Nieder damit! Jede Revolution ist ein Vorgang des Hasses. Leider ist nicht jede Regierung eine Funktion der Liebe.

Wo ist die Staatsordnung, die keinem Haß Raum gäbe? Würde die siegreiche Masse gütig sein? Wann würde erschöpfte Rache zur Milde werden?

Man kann sagen, die Menschheit ist zu klug geworden, Symbole noch anzuerkennen und zu sehr (durch Neid) verdammt, um ihren Segen zu begreifen.

Symbole sind die Synthesen aller Welterfahrungen. Es rücken an ihre Stelle nur neue: Krone (republik. Schärpe), Wappen (Vereinszeichen), Bargeld (der Arbeitsschein).

*

Uns fehlt eine Politik der Liebe, eine Partei des Sichverzeihens.

*

SPRÜCHE IN REIMEN UND PROSA

Der Geldmensch ist der größte Phantast. Er nimmt das Stückchen Gold für das, was es bedeutet. Gold bedeutet Vermögen, Glück, Liebe, Gesundheit, Talent, aber ist es nicht. Gold hat zu dem Verderblichen Beziehungen: zu Wurst, Austern, Fisch, Fleisch, Käse-Gift (Goldtrichlorid allein bindet diese Alkaloide) und zur Menschenseele, die also in ihren Tiefen Gier bergen muß. ‚Ach, wir Armen!' sagt Gretchen. Wäre nicht dieses Phantasma um den sogenannten Realisten, er wäre reif zum Gehenkt werden!

*

Zweimal hat die Geisteswissenschaft der Menschheit einen ungeheuren Verlust durch Bibliothekenbrand erlitten, einmal etwa 2000 vor Chr. Geburt in China durch die Bücherverbrennung des Tsiu Schi Herang, bei der 2 Millionen Handschriften von Chinas Geschichte durch einen Fanatiker à la Rousseau kaputt gingen, und durch den unter Antonius entstandenen Brand der Bibliothek in Alexandria, bei dem 250000 Papyrusrollen zum Teufel flogen (von dem sie kamen?).

Und die geistige Welt hat doch nicht aufgehört.
Was ist der Natur wertvoller, Bibliotheken oder Gehirne, welche Gedanken produzieren, um Bücher zu füllen?

*

Wir lernen alles aus dem Schutt der Zeit, und aus Ruinen hebt sich die Vergangenheit.

*

Metaphorisch
(Manche Metapher entbehrt nicht des Reizes). Orden sind Hämorrhoiden des Ehrgeizes!

*

An die Philosophen
Ihr feilt an einem sonderbaren Schlüssel, Geheimschrift der Natur zu übertragen. Begriffe sind ein vielverzweigter Rüssel, den Fels der Wirklichkeit allseitig zu benagen. Aus dem Ereignis baut ihr euch Ideen, die fangnetzartig durch das Weltall wehen. Der lahme Wandrer greift nach Krükken, wie würd' ein kleiner Wagen ihn beglücken! Gedanken sind Vehikel der Propheten, um überhaupt die Weltallreise anzutreten.

*

Wenn wir Hypothesen verlassen – ist das nicht, als wenn ein Vögelchen seine Schalen zerbricht? Es brauchte die Schalen, um sich zu entwickeln, und entwickelte sich, um, reif geworden, sie zu zerstückeln!

*

Haben wir den Tempel gebaut, sei das Gerüst abgebrochen, wir sind doch aber an ihm zur Höhe gekrochen. So ist es der Irrtum, der uns nützt und belehrt, eine fruchtlose Wahrheit ist gar nichts wert.

*

Sukzession und Koexistenz, und dabei die ewige Permanenz sind mir gar gelehrte Worte, für ein einfach Tuch eine goldene Borte. Ob mit Beharren und Folge der Dinge es schließlich nicht ebensogut (oder schlecht) ginge?

*

Darwinismus
Daß doch der Evolutionist die einzige Konsequenz ver-

gißt: daß, wenn der Mensch den Affen entsprießt, der Mensch der Affe Gottes ist.

*

Grundgesetz der Erkenntnis

Wie oft ward ‚Anschauung' und ‚Begriff', segelnden Gedanken zum Felsenriff. Der Mensch ruht nicht, noch rastet, bis er nicht im Geiste etwas fühlt, mit dem er in den Erscheinungen wühlt, als wenn er sie anschaut, befühlt und betastet. Er hat die Taster in seinen Sinnen und baut sich die Welt noch einmal da drinnen.

*

Fiktionen, Hypothesen, Theorien sind auch ideoplastisch.

*

Brunst der Denker

Nimmer genügt dem Denker die lockende, käufliche Dirne, so für den höchsten Genuß findet die Wahrheit er arm. Zeit auch reichet ihm kaum, zu erwarten die himmlische also unendlichen Drang stillet die eigene Lust.

*

Zum Schaltwerk der Gedanken

Die schwebende Gewitterwolke meiner Seele, diese Reservekraft, welche die ewige Reibung des Kosmos, Milieus, der Umwelt, die Ereignisse von Außen, ebenso wie die Hormone von Innen in mir an meinen Nervenmaschinen erregen, ist wie eine aufgespeicherte Orientierungskraft, welche ich in der Einsamkeit (Traum, Phantasie, Kunstwerkschaffen, Denken, und sogar im Somnambulismus, Hellsehen usw.) mobilmachen kann, und zwar, vermöge eines bewußten, wie unbewußten Willens (bewußt: mittels des Bendaschen Muskels, unbewußt: mit den Gefäßmuskeln des Sympathikus). Orientierungsreserve!

Fonds meines Denkens, Kapital auf den Banken meiner Gedanken. Reichtum der Seele.

*

Zur Dämonie

Auf den Banken meiner Gedanken wuchert mit Zinseszins eine Kraft, welche mir meine Reserven schafft. Sie füllt sich an Strahlen der rollenden Sonne, sie saugt sich voll aus Schmerz und Wonne, sie zimmert an den elektrischen Platten, Im Spiele von Farben und Licht und Schatten. Ton und Geräusch, Getast und Gefühltes, das Laute, das Stille und Aufgewühltes: aus allen äußeren und inneren Jammern und meiner Organe Heinzelmann-Kammern, treibt sie des Daseins heilige Mühle, die ich mit Herzschlag am Werke fühle, die ich im Traume, im denkenden dämmern höre phantastisch zimmern und hämmern, bald zu handeln und bald zu sinnen, feurig mit Taten und innig mit Spinnen zarter Gewebe von Seele zu Seele nach meines Wunsches stillem Befehle! Und der Ströme Kaskadengebraus macht meinen Menschen-Reichtum aus.

*

Glossen zu Mechtild Lichnowskys:
‚Der Stimmer'

Seite 5: Wie bequem Ihr es doch habt, Ihr berufenen Dichterleute? Ihr macht eine phantasievolle Umkehrung des Tatbestandes und schon ist ein verblüffender Geistesreichtum da! ‚Kein Weg führt zu den Blumen!' Die Wahrheit ist, daß von den Blumen zu Euch kein Weg führt! Die stillen Forscher kennen tausend Wege der Gedanken zum Wesen der Blume, ihre Romane auf dem Wege zur Erhaltung des Lebens, ihre Bestimmung als Wiegen für die Käfer-Störche der Geburten, ihre Zellorganisation als

Vorstufe zum Geistigen, ihre Farben – ihre Düfte in den Funktionen der Symbiose von Millionen Lebewesen, ihre Seelenrudimente, ihren Schlaf, ihre Träume, ihr vorbildliches Geschlechtsleben – das alles natürlich ahnungsreich mehr, als gewiß – – aber ein Dichtergenie kehrt dem allen den Rücken und sagt: im Grunde wissen wir nichts von der Natur, von Pflanze, Bach und Strom und macht die vorliegende, geradezu süße Träumerei: ‚Sie sind.' Aber, welch ein Reichtum ist unsere Denkmöglichkeit, daß wir vielleicht nicht sind! Ach! Dichter sind doch Menschen, die von Träumen leben Und sich am Seil der Phantasie hoch über dieses Leben heben! Fürstin! Sie sind nicht modern, Sie sind eine Blüte der Romantik!

Seite 6–8: Die Geschichte ist das nach Ideen (Gedanken) Geschichtete! Es gibt keine Anatomie der Geschichte, keine Sezierkunst der Vergangenheit, denn die Geschichte lebt, die Leiche der Vergangenheit wird immer lebendiger bei dem Sezieren!

Seite 9: Das mit den blauen Tauben, ‚die ziehen ihre weinroten Füße ein in den Nischen des Domes und wollen schlafen', ist ein Gedicht für sich.

Der Türmer
Wie bebt es in den Balken, was will des Sturmes Schrei'n? Horch! meine alten Falken gurren und schlafen ein! usw. ‚Schuppenartig gepflastert!' Die Straße als Rücken eines Krokodils gesehen ist großartig! Wer Seite 9 geschrieben hat, ist wohl ein echter Dichter. Seite 11: Welche Porträtkunst in der Analyse von Eggers, des Stimmers, Gesicht! Sie sind Malerin, Dichterin, Musikerin – hochbegabte Spinnerin von Geschicken.

LOGIK UND HUMOR

Es ist in der Psychophysik der Logik begründet, daß alles streng gültige, mathematische, das rechnerische Kalkül stets humorlos sein muß. Das letztere ist eben ein Knick, ein Geigenkratzer, ein Überschnappen in der rhythmischen Harmonie eines zwingenden Gedankens, welche eben in gleichmäßigen Wechselströmen zwischen dem Real und Idealregister unserer Seele bestehen. Das ist die Allgemeingültigkeit des logischen Gedankens, daß er auf allen Denkenden gemeinsamen Apparaten verläuft (Sympaticus und Neurologia), und daß er ohne Möglichkeit eines Widerspruches weder im Realen noch im Denkgebiet der Phantasie ist. Die Humorwirkung dagegen besteht in einer gänzlich logiklosen Konfliktstimmung zwischen Ideal und Real. Der Humor ist daher ebenso ohne Logik (er muß sogar irgendeine überraschende(!) Logiklosigkeit besitzen), wie die Logik humorlos ist.

Anders ist die Weisheit. Der Weise ohne Humor ist undenkbar, weil er weiß, daß es Wissen über dem Verstande gibt; göttliche Inkonsequenzen, prometheische Irrtümer, orphische Mysterien fern vom Denken. Er weiß, daß Lächeln oft gerechter ist, als Donnern.

Der größte Humorist ist der liebe Gott.

Ich wette mit ihm, daß die absolute Wahrheit langweiliger ist als ein göttlicher, hoffender Irrtum.

*

EGOISMUS

Unsere Egoismen entstammen der Ichzone des Menschen in der Ganglienkette, weniger den unterbewußten Affekten. Der Egoist in uns ist eben der ‚Andere'. Das Ich ist der Kampfplatz, die Geburtsstätte, die Wiege, die Interferenzzone zwischen den unbewußten Affekten und den kategorischen Weltallforderungen der Umwelt. Ich möchte glauben, seelische Kraftform ist eine besondere Kraftdichte gleich einem schwebenden Gewitter, bereit sowohl in Tat oder Gedankengehege einzuschlagen, hiernach der Leitung rasche Öffnung bestimmter Register des Gehirns. Sie ist eben eine durch spezifische Hemmung (Ganglienapparat) geformte Allkraft, deren Natur wir nicht erkennen können, weil wir ja eine Hemmungsform wie die menschliche Nervenzelle nicht schaffen können. Seelenkraft physisch als eine etwa der elektrischen ebenbürtigen Kraft (Lebenskraft) studieren zu wollen, setzt die Möglichkeit, Leben, Homunkuli, nervöse Systeme zu erbauen, voraus. Es genügt uns ja aber auch, die Schwerkraft an ihren Widerständen zu studieren (Gesetze der Ballistik), warum verlangen wir von der Seelenkraft in uns, sie auf einem flachen Tische ausbreiten zu wollen. Genug, daß wir sie in uns zu fühlen die Möglichkeit haben (doppelseitige Kontrolle der Hirnhälften).

Entwickelt sich das Vorderhirn besonders und mit ihm die Ichzone, so kommt die Weltallsteuerung durch den Sympathikus zu kurz. Die Harmonie beider erst macht die Vernunft aus. Die Emanzipation des Ichs z. B. zu Reichtum, Ehrfurcht, Neid, Haß, Herrschsucht, Wille zur Macht führt zur Unvernunft. Der Mensch geht an prometheischer Aufbäumung, Emanzipation vom Rhythmus des Alls zugrunde, wie alle Völker schließlich zugrunde gehen: an einer Überschätzung des Bewußtseins auf Kosten des unterbewußten Einklangs in das nur im Gewissen verankerte Zugehörigkeitsgefühl von der Bindung des Ichs ans All. Gewissen ist der Kurzschluß zwischen der Zone des Ichs und dem Sympathikus, dem Vertreter des Alls!

Wer sich vor dem Tode fürchtet, dem muß das Leben erscheinen wie eine zum Richtplatz zerrende Kette. Es bleibt ihm nur eins: mit den Gliedern dieser Kette sich zu betäuben, d. h. alle Lebenserscheinungen sind ihm narkotische Mittel gegen seine latente Lebensangst. Darum ist er so real: er klammert sich an die Phantasmen der sog. wirklichen Welt! Wem aber der Tod, als Phase eines unbegreiflichen Daseins nur ein Akkord im symphonischen Spiel der Rhythmen ist, der genießt frei ohne Narkose, hellen Herzens diese wunderbesternte Welt!

*

ÜBER DIE UNSTERBLICHKEIT

Die scheinbar einzige augenfällig beobachtbare Unsterblichkeit ist jene, die Weißmann unter dem Mikroskop gesehen hat, die der einzelligen Lebewesen. Da gibt es nur ein Teilen einer Mutter in zwei Tochterzellen ohne Tod, ja ohne Leichenbildung. Geburt ist hier Auflösung in zwei neue Wesen, die wiederum zwei Neue jedes bildet und so fort. Die Mutter stößt nicht ein Wesen ab, nein sie wird selbst zu zweien und durch diese zur Stammutter eines Zellvolkes mit Riesenziffern in ganz kurzer Zeit. Taillenabschnürung.

*

Aber diese Unsterblichkeit, die also leiblich ist, d. h. Vermehrung der Zeugungssubstanz (Chromosom, Idioplasma) ins Unendliche ist durchaus nicht alleiniger Besitz der Einzelligen. Sie ist eine Eigenschaft aller Keimsubstanz. Die Chromatinsubstanz (organisiertes Nuklein) ist unvergänglich, weil immer mit anderen Chromosomen paarbar, zeugungskräftig. Der Unterschied ist nur der, daß beim Menschen alle Einzeller zu einer Monarchie harmonisch verkettet sind (Zellstaat), deren Königin die Seele ist. Die Chromosomen dieser Genossenschaftszellen sind ebenso regenerierbar, teilbar, unsterblich, wie die der Einzeller.

*

Sie werden nur wieder zu Einzellern durch den Zerfall des organisierten Leibes und sind dann auch wieder vermehrungsfähig unter den Bedingungen der Weltallsbefruchtung durch das ganze Reich des Belebten.

*

Die Zeugung ist die Wiedergeburt eines Wesens aus zwei Zellorganismen, die eine Idee der Vervielfältigung (Liebe) zusammenführt. Das neue Wesen erhält etwas von dem Wesen seiner beiden Komponenten. Dieser Siegeldruck der Persönlichkeit beiderseits liegt in den Nukleinsubstanzen (Chromosomen, Idioplasmen) beider konjugierten Zellen. So enthalten auch die Saatkörner des zerfallenen Individuums, die freigewordenen Nukleinsubstanzen etwas vom Petschaftdruck der Persönlichkeit seines Trägers, sind also ebenso übertragbar, wie die Eigenschaften von Mutter und Vater auf das Kind und dieses auf die nächste Kette der persönlichen Befruchtung. Letztere ist Zeugung und Unsterblichkeit in bezug auf das Individuum in seiner Totalität, jene Zeugung ist universell, die einzelnen Organzellen werden allen anderen Zell leibern als Befruchtungselement dargeboten in der Ernährung. Das kommt zunächst der Reparatur der Leiber, der Regeneration zugute, aber auch durch Nervenzellen der Verstorbenen der Geistigkeit schon bestehender Individuen.

*

Wem das zu wunderbar ist, der erkläre mir, wie es kommt, daß ein einziges mikroskopisches Zeugungszellchen auf ein reifendes Ei alle physischen und seelisch geistigen Eigenschaften des Vaters übertragen kann? Doch wohl nur durch eine Art rhythmischer Infektion.

*

Oder ist es weniger wunderbar, wenn Bachs Vaterzelle ihn selbst zum Heros der Musik machte, als wenn Goethe sein Leben zu einem Menschheitsgedicht gestalten konnte, weil er vielleicht mit irgendeinem Nahrungsmittel (Zeugungszellnuklein) von Leonardo da Vincis Nervensubstanz befruchtet wurde·

*

Alle Zellen sind Fackelträger des Lebens. Sie stoßen die organisierte Materie an, sie drehen sie auf zu neuen Rhythmen, sie infizieren sie im Sinne der Wiederholung und Steigerung aller schon vorherbesessenen Reigen und molekularen Tanzrasereien. Ein Ballett der Nukleingeisterchen!

*

Wie in der Zeugung der Menschenzellkomplex unsterblich ist als physische Einheit, so ist die Einzelzelle als Fackelträger einer geistigen Einheit ebenso unsterblich.

*

In meinen Nukleinzellen wird mein persönliches Geschick, mein Leid und meine Freude, kristallisiert und überträgt diese Rhythmen, die aufgerollt sind in jedem meiner Nukleinkerne, infektionsgleich dem ganzen belebten Kreislauf, wie ein mysteriöses Filmband.

*

Der Kreislauf des Lebens ist also physisch wie psychisch garantiert. Nichts kann sterben, auch die Idee von mir nicht, weil sie nie geboren wurde, sondern immer mit der Idee überhaupt vorhanden war.

*

Meine unsterbliche und ungebärbare Seele hat mich aufgebaut von der Urzelle an bis zu meinem Ich. Mit dieser Form meines Ichs kann die Idee von mir nicht aufhören. Wenn die Zellen meines organisierten Ichs (durch meine Seele organisiert d. h. jenes Teils der Weltidee, die in einem Fädchen auf mich führt) durch Apparatabnutzung unfähig werden, sich von den Nahrungszellen erhaltungsgemäß infizieren zu lassen, d. h. bei dem Aufhören meiner genügenden Regenerationskraft (Ersatzzellenbildung) wird diese Form des persönlichen Lebens für die Seele unbrauchbar, sie verläßt die alte Geige, um eine neue auszubauen. Benutzt aber das vertrocknete Holz der alten, um für andere Instrumente erprobtes Material zu liefern.

*

Mein gewissermaßen durch meinen Lebenskampf erworbenes ‚Ich' ist zerfallbar in Milliarden Einzelkeime, die aber alle ein geistiges Faksimile meines Lebenslaufes haben und meine geistigen Rhythmen der belebten Materie zur Höhersteigerung übergeben werden. Meine Seele, die nie geborene, die nie sterbende, zieht weiter zu neuen Geigen und Orgelbauten meines Ichs. Meine Seele während meines Lebens war mir nur geliehen, um mich zur Aufstiegsbefruchtung tüchtig zu machen, sie findet nach meinem Tode höhere Organisationsmöglichkeiten. Sie, die Unsterbliche, hat vor mir schon Millionen Ichs von mir geschaffen, erst im Menschen ließ sie mich etwas von mir ahnen, wenn ich sterbe, wird mir von ihr noch viel mehr bewußt werden, als mir von mir selbst bewußt ist nach dem Aufstieg vom Staube durch das Tierreich zu mir.

*

Was ich leiblich gestaltend in diesem Leben erreicht, erkämpft, errungen, erlitten habe, gebe ich tot milliardenfach mit unsterblichen Zellen gleichsam als kleine Feuerzünder meines Ichs dem organischen Bestand der Erde wieder, mein seelisches Ich gehört dem Weltall, es wird dort neue Formen finden im langsamen Aufstieg zur letzten Ebenbürtigkeit der Weltseele und wird jauchzen im

Ausblick, einst einen Stern befruchten zu können mit Wesen nach meinem geläuterten Ebenbilde.

*

Auch der Gott dieser Erde war einst ein solch Ringender, ist ein Emporgerungener und ringt immer noch mit der Luziferischen Gegenmacht, die ewig am Werke war Schöpfungen zu erwürgen und immer·am Werke ist Seelen zu verführen, in ihrem Dienste dem Gottmenschen ins Gesicht zu speien und seine Kreuzigung zu ermöglichen.

*

Um unsere Seele wettet auch Mephisto mit Gott. Wir haben uns selbst zu entscheiden für den einen oder den anderen. Ewiger Aufstieg der Seele oder ewiger Abstieg zur nochmaligen Läuterung, so steht uns die Wahl frei.

*

www.ingramcontent.com/pod-product-compliance
Lightning Source LLC
Chambersburg PA
CBHW031836230426
43669CB00009B/1371